は　し　が　き

　平成 30 年 3 月に告示された高等学校学習指導要領が，令和 4 年度から年次進行で本格的に実施されます。

　今回の学習指導要領では，各教科等の目標及び内容が，育成を目指す資質・能力の三つの柱（「知識及び技能」，「思考力，判断力，表現力等」，「学びに向かう力，人間性等」）に沿って再整理され，各教科等でどのような資質・能力の育成を目指すのかが明確化されました。これにより，教師が「子供たちにどのような力が身に付いたか」という学習の成果を的確に捉え，主体的・対話的で深い学びの視点からの授業改善を図る，いわゆる「指導と評価の一体化」が実現されやすくなることが期待されます。

　また，子供たちや学校，地域の実態を適切に把握した上で教育課程を編成し，学校全体で教育活動の質の向上を図る「カリキュラム・マネジメント」についても明文化されました。カリキュラム・マネジメントの一側面として，「教育課程の実施状況を評価してその改善を図っていくこと」がありますが，このためには，教育課程を編成・実施し，学習評価を行い，学習評価を基に教育課程の改善・充実を図るというPDCAサイクルを確立することが重要です。このことも，まさに「指導と評価の一体化」のための取組と言えます。

　このように，「指導と評価の一体化」の必要性は，今回の学習指導要領において，より一層明確なものとなりました。そこで，国立教育政策研究所教育課程研究センターでは，「幼稚園，小学校，中学校，高等学校及び特別支援学校の学習指導要領等の改善及び必要な方策等について（答申）」（平成 28 年 12 月 21 日中央教育審議会）をはじめ，「児童生徒の学習評価の在り方について（報告）」（平成 31 年 1 月 21 日中央教育審議会初等中等教育分科会教育課程部会）や「小学校，中学校，高等学校及び特別支援学校等における児童生徒の学習評価及び指導要録の改善等について」（平成 31 年 3 月 29 日付初等中等教育局長通知）を踏まえ，令和 2 年 3 月に公表した小・中学校版に続き，高等学校版の「『指導と評価の一体化』のための学習評価に関する参考資料」を作成しました。

　本資料では，学習評価の基本的な考え方や，各教科等における評価規準の作成及び評価の実施等について解説しているほか，各教科等別に単元や題材に基づく学習評価について事例を紹介しています。各学校においては，本資料や各教育委員会等が示す学習評価に関する資料などを参考としながら，学習評価を含むカリキュラム・マネジメントを円滑に進めていただくことで，「指導と評価の一体化」を実現し，子供たちに未来の創り手となるために必要な資質・能力が育まれることを期待します。

　最後に，本資料の作成に御協力くださった方々に心から感謝の意を表します。

　令和 3 年 8 月

国立教育政策研究所

教育課程研究センター長

鈴　木　敏　之

スライド1

学習評価とは？ | 1. 学習評価の基本的な考え方

学習評価：学校での教育活動に関し、生徒の学習状況を評価するもの

学習評価を通して

- 教師が指導の改善を図る
- 生徒が自らの学習を振り返って次の学習に向かうことができるようにする

⇒評価を教育課程の改善に役立てる

スライド2

学習評価について指摘されている課題 | 1. 学習評価の基本的な考え方

学習評価の現状について、学校や教師の状況によっては、以下のような課題があることが指摘されている。

- 学期末や学年末などの事後での評価に終始してしまうことが多く、評価の結果が児童生徒の具体的な学習改善につながっていない
- 現行の「関心・意欲・態度」の観点について、挙手の回数や毎時間ノートをとっているかなど、性格や行動面の傾向が一時的に表出された場面を捉える評価であるよらな誤解が払拭されていない
- 教師によって評価の方針が異なり、学習改善につなげにくい
- 教師が評価のための記録に労力を割かれて、指導に注力できない
- 相当な労力をかけて記述した指導要録が、次の学年や学校段階において十分に活用されていない

生徒の意見：先生によって観点の重みが違うんです。授業態度をとても重視する先生もいるし、テストだけで判断するという先生もいます。そうすると、どう努力していけばよいのか本当に分かりにくいんです。

（中央教育審議会初等中等教育分科会教育課程部会児童生徒の学習評価に関するワーキンググループ第7回における高等学校三年生の意見より）

スライド3

カリキュラム・マネジメントの一環としての指導と評価　「主体的・対話的で深い学び」の視点からの授業改善と評価 | 1. 学習評価の基本的な考え方

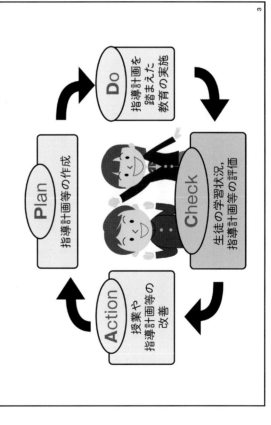

Plan 指導計画等の作成 → Do 指導計画を踏まえた教育の実施 → Check 生徒の学習状況、指導計画等の評価 → Action 授業や指導計画等の改善

スライド4

平成30年告示の学習指導要領における目標の構成 | 2. 学習評価の基本構造

各教科等の目標や内容を「知識及び技能」「思考力、判断力、表現力等」「学びに向かう力、人間性等」の3つの柱で再整理。

例えば、国語科では

平成21年告示高等学校学習指導要領

国語
第1款　目標
国語を適切に表現し的確に理解する能力を育成し、伝え合う力を高めるとともに、思考力や想像力を伸ばし、心情を豊かにし、言語感覚を磨き、言語文化に対する関心を深め、国語を尊重してその向上を図る態度を育てる。

平成30年告示高等学校学習指導要領

国語
第1款　目標
言葉による見方・考え方を働かせ、言語活動を通して、国語で的確に理解し効果的に表現する資質・能力を次のとおり育成することを目指す。
(1)生涯にわたる社会生活に必要な国語について、その特質を理解し適切に使うことができるようにする。[知識及び技能]
(2)生涯にわたる社会生活における他者との関わりの中で伝え合う力を高め、思考力や想像力を伸ばす。[思考力、判断力、表現力等]
(3)言葉のもつ価値への認識を深めるとともに、言語感覚を磨き、我が国の言語文化の担い手としての自覚をもち、生涯にわたり国語を尊重してその能力の向上を図る態度を養う。[学びに向かう力、人間性等]

資質・能力の三つの柱に基づいた目標や内容の再整理を踏まえて、観点別学習状況の評価の観点については、小・中・高等学校の各教科等を通じて、「知識・技能」「思考・判断・表現」「主体的に学習に取り組む態度」の3観点に整理。

[平成21年改訂]
関心・意欲・態度
思考・判断・表現
技能
知識・理解

[平成30年改訂]
知識・技能※
思考・判断・表現
主体的に学習に取り組む態度

※ 職業教育を主とする専門学科においては知識・技術

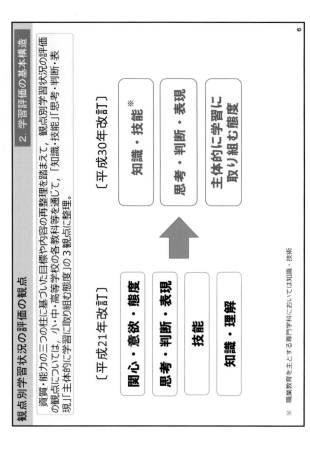

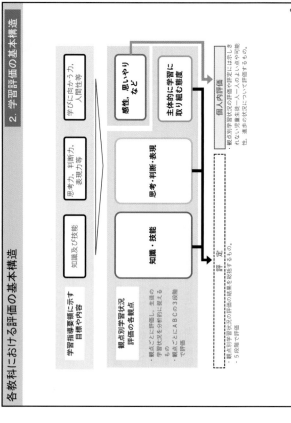

学習指導要領に示す目標や内容
　知識及び技能
　思考力、判断力、表現力等
　学びに向かう力、人間性等

観点別学習状況
評価の各観点
・観点ごとに評価し、生徒の学習状況を分析的に捉えるもの
・観点ごとにABCの3段階で評価

知識・技能
思考・判断・表現
感性、思いやりなど
主体的に学習に取り組む態度

評　定
・観点別学習状況の評価の結果を総括するもの。
・観点ごとにABCの3段階で評価

個人内評価
・観点別学習状況の評価や評定には示しきれない生徒一人一人のよい点や可能性、進歩の状況について評価するもの。

例えば、数学科では

[平成21年告示高等学校学習指導要領]

数学Ⅰ
2 内容
(3) 二次関数
　二次関数とそのグラフに活用できるように、二次関数を用いて数量の関係や変化を表現することの有用性を認識するとともに、それらを事象の考察に活用できるようにする。
ア 二次関数とそのグラフ
　（ア）二次関数の値の変化から二次関数で表される関係を見いだすこと。また、二次関数のグラフの特徴について理解すること。
イ 二次関数の値の変化
　（ア）二次関数の値の変化について、グラフを用いて考察したり最大値や最小値を求めたりすること。
　（イ）二次方程式・二次不等式
　二次方程式の解と二次関数のグラフとの関係を理解するとともに、数量の関係を二次式で表し二次関数のグラフを利用してその解を求めること。

[知識及び技能]

[平成30年告示高等学校学習指導要領]

数学Ⅰ
2 内容
(3) 二次関数
　二次関数について、数学的活動を通して、その有用性を認識するとともに、次の事項を身に付けることができるよう指導する。
ア 次のような知識及び技能を身に付けること。
　（ア）二次関数の値の変化やグラフの特徴について理解すること。
　（イ）二次関数の最大値や最小値を求めること。
　（ウ）二次方程式の解と二次関数のグラフとの関係について理解し、二次関数のグラフを用いて二次方程式の解を求めること。

[思考力、判断力、表現力等]

イ 次のような思考力、判断力、表現力等を身に付けること。
　（ア）二次関数の式とグラフとの関係について、コンピュータなどの情報機器を用いてグラフをかくなどして多面的に考察すること。
　（イ）二つの数量の関係に着目し、日常の事象や社会の事象などを数学的に捉え、問題を解決したり、解決の過程や結果を振り返って考察したりすること。
事象との関係をより広げること。

高等学校においては、従前より観点別学習状況の評価が行われてきたところであるが、地域や学校によっては、その取組に差があった。今回、高等学校における観点別学習状況の評価を更に充実し、その質を高める観点から、指導要録の参考様式等を改善。

指導要録の参考様式に、各教科・科目の観点別学習状況を記載する欄を設置

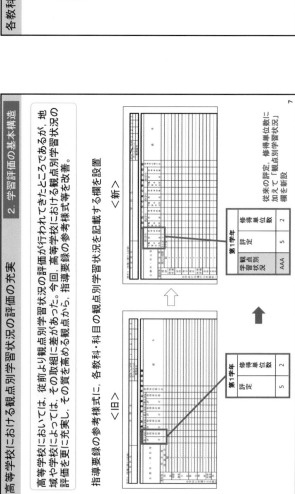

＜旧＞

	第1学年
評定	5
修得単位数	2

＜新＞

	第1学年
観点別学習状況	AAA
評定	5
修得単位数	2

従来の評定、修得単位数に加えて「観点別学習状況」欄を新設

次のような工夫が考えられる

- ●ペーパーテストにおいて、出題の仕方を工夫して評価
- ●論述やレポートを課して評価
- ●発表やグループでの話合いなどの場面で評価
- ●作品の制作などにおいて多様な表現活動を設け、ポートフォリオを活用して評価

「主体的に学習に取り組む態度」の評価のイメージ

○「主体的に学習に取り組む態度」の評価については、①知識及び技能を獲得したり、思考力、判断力、表現力等を身に付けたりすることに向けた粘り強い取組を行おうとする側面と、②の粘り強い取組を行う中で、自らの学習を調整しようとする側面、という二つの側面から評価することが求められる。

○これら①②の姿は実際の教科等の学びの中では別々ではなく相互に関わり合いながら立ち現れるものと考えられる。例えば自らの学習を全く調整しようとせず粘り強く取組を続ける姿や、粘り強さが全くない中で自らの学習を調整する姿は一般的ではない。

①粘り強い取組を行おうとする側面
②自らの学習を調整しようとする側面

「十分満足できる」状況(A)
「おおむね満足できる」状況(B)
「努力を要する」状況(C)

「主体的に学習に取り組む態度」については、①知識及び技能を獲得したり、思考力、判断力、表現力等を身に付けたりすることに向けた粘り強い取組の中で、②自らの学習を調整しようとするかどうかを含めて評価する。

次のような工夫が考えられる

- ●授業において
  それぞれの教科等の特質に応じ、観察・実験をしたり、式やグラフで表現したりするなど学習した知識や技能を用いる場面を設け評価
- ●ペーパーテストにおいて
  事実的な知識の習得を問う問題と知識の概念的な理解を問う問題とのバランスに配慮して出題し、解答を問う問題で評価

個人内評価(生徒一人一人のよい点や可能性、進歩の状況等について評価するもの)等を通じて見取る。

※ 特に「感性や思いやり」など生徒一人一人のよい点や可能性、進歩の状況などについては、積極的に評価し生徒に伝えることが重要。

知識及び技能を獲得したり、思考力、判断力、表現力等を身に付けたりすることに向けた粘り強い取組の中で、自らの学習を調整しようとしているかどうかを含めて評価する。

学びに向かう力、人間性等

① 観点別学習状況の評価になじまない部分(感性、思いやり等)

⑦ 「主体的に学習に取り組む態度」として観点別学習状況の評価を通じて見取ることができる部分

「学びに向かう力、人間性等」には、⑦「主体的に学習に取り組む態度」として観点別学習状況の評価を通じて見取ることができる部分と、①観点別学習状況の評価や評定にはなじまない部分がある。

●「自らの学習を調整しようとする側面」について

自らの学習状況を振り返って把握し、学習の進め方について試行錯誤する（微調整を繰り返す）などの意思的な側面

指導において次のような工夫も大切

■生徒が自らの理解状況を振り返ることができるような発問を工夫したり指示したりする

■内容のまとまりの中で、話し合ったり他の生徒との協働を通じて自らの考えを相対化するような場面を設ける

◎ここでの評価は、生徒の学習の調整が「適切に行われているか」を必ずしも判断するものではない。
学習の調整が適切に行われていない場合には、教師の指導が求められる。

「内容のまとまり」ごとの評価規準を作成する → 単元（題材）の目標を作成する → 単元（題材）の評価規準を作成する

指導と評価の計画を立てる → 授業（指導と評価）を行う → 評価の総括を行う

総括に用いる評価の記録については、場面を精選する

※ 職業教育を主とする専門学科においては、学習指導要領の規定から、「（指導項目）ごとの評価規準」とする。

評価の方針等の生徒との共有

学習評価の妥当性や信頼性を高めるとともに、生徒自身に学習の見通しをもたせるため、学習評価の方針を事前に生徒と共有する場面を必要に応じて設ける。

観点別学習状況の評価を行う場面の精選

観点別学習状況の評価に係る記録は、毎回の授業ではなく、単元や題材などの内容のまとまりごとに行うことなど、評価場面を適切に把握して行う。

※日々の授業においては生徒の学習状況を適宜把握して指導の改善に生かすことに重点を置くことが重要。

外部試験や検定等の学習評価への利用

外部試験や検定等（高校生のための学びの基礎診断の認定を受けた測定ツールなど）の結果を、指導や評価の改善につなげることも重要。

※外部試験や検定等は、学習指導要領の目標に準拠したものでない場合や内容を網羅的に扱うものでない場合があることから、教師が行う学習評価の補完材料である（外部試験等の結果そのものをもって教師の評価に代えることは適切ではない）ことに十分留意が必要であること。

学校全体としての組織的かつ計画的な取組

教師の勤務負担軽減を図りながら学習評価の妥当性や信頼性が高められるよう、学校全体としての組織的かつ計画的な取組を行うことが重要。

※例えば以下の取組が考えられる。

・教師同士での評価規準や評価方法の検討、明確化
・実践事例の蓄積・共有
・評価結果の検討等を通じた教師の力量の向上
・校内組織（学年会や教科部会等）の活用

目次

【巻頭資料】学習評価に関する基本的事項（スライド）

第1編　総説　　　　　　　　　　　　　　　　　　　　　　　　……　　1

　第1章　平成30年の高等学校学習指導要領改訂を踏まえた学習評価の改善　……　　3

　　1　はじめに

　　2　平成30年の高等学校学習指導要領改訂を踏まえた学習評価の意義

　　3　平成30年の高等学校学習指導要領改訂を受けた評価の観点の整理

　　4　平成30年の高等学校学習指導要領改訂における各教科・科目の学習評価

　　5　改善等通知における総合的な探究の時間，特別活動の指導要録の記録

　　6　障害のある生徒の学習評価について

　　7　評価の方針等の生徒や保護者への共有について

　第2章　学習評価の基本的な流れ　　　　　　　　　　　　　　　……　　14

　　1　各学科に共通する各教科における評価規準の作成及び評価の実施等について

　　2　主として専門学科（職業教育を主とする専門学科）において開設される各教科における
　　　評価規準の作成及び評価の実施等について

　　3　総合的な探究の時間における評価規準の作成及び評価の実施等について

　　4　特別活動の「評価の観点」とその趣旨，並びに評価規準の作成及び評価の実施等について

　（参考）　平成24年「評価規準の作成，評価方法等の工夫改善のための参考資料」か　……　　25
　　　　　らの変更点について

第2編　「内容のまとまりごとの評価規準」を作成する際の手順　　　……　　27

　　1　高等学校保健体育科の「内容のまとまり」

　　2　高等学校保健体育科における「内容のまとまりごとの評価規準」作成の手順

第3編　単元ごとの学習評価について（事例）　　　　　　　　　　……　　41

　第1章　「内容のまとまりごとの評価規準」の考え方を踏まえた評価規準の作成　……　　43

　　1　本編事例における学習評価の進め方について

　　2　単元の評価規準の作成のポイント

　第2章　学習評価に関する事例について　　　　　　　　　　　　……　　56

　　1　事例の特徴

　　2　各事例概要一覧と事例

　　事例1　キーワード　科目体育　指導と評価の計画から評価の総括まで　……　　59
　　　　　「器械運動」（それ以降の年次）

　　事例2　キーワード　科目体育　「知識・技能」の評価　　　　　……　　67
　　　　　「武道（剣道）」（入学年次）

　　事例3　キーワード　科目体育　「思考・判断・表現」の評価　　　……　　76
　　　　　「体つくり運動」（それ以降の年次）

事例4　キーワード　科目体育　「主体的に学習に取り組む態度」の評価　……　84
　　　　「球技」（その次の年次）

事例5　「〔科目〕の評価規準」を作成する際の手順（専門学科　体育）　……　92
　　　　キーワード　スポーツの推進及び発展に必要な技能の指導と評価　……　99
　　　科目「スポーツ総合演習」（その次の年次）

事例6　キーワード　科目保健　指導と評価の計画から評価の総括まで　……　107
　　　　「環境と健康」（その次の年次）

事例7　キーワード　科目保健　「知識・技能」の評価　……　114
　　　　「応急手当」（入学年次）

事例8　キーワード　科目保健　「思考・判断・表現」の評価　……　119
　　　　「労働と健康」（その次の年次）

事例9　キーワード　科目保健　「主体的に学習に取り組む態度」の評価　……　125
　　　　「生活習慣病などの予防と回復」（入学年次）

巻末資料　……　131
・　高等学校保健体育科における「内容のまとまりごとの評価規準（例）」
・　評価規準，評価方法等の工夫改善に関する調査研究について（令和2年4月13日，国立教育政策研究所長裁定）
・　評価規準，評価方法等の工夫改善に関する調査研究協力者
・　学習指導要領等関係資料について
・　学習評価の在り方ハンドブック（高等学校編）
※本冊子については，改訂後の常用漢字表（平成22年11月30日内閣告示）に基づいて表記しています（学習指導要領及び初等中等教育局長通知等の引用部分を除く）。

〔巻頭資料（スライド）について〕

　巻頭資料（スライド）は，学習評価に関する基本事項を簡潔にまとめたものです。巻頭資料の記載に目を通し概略を把握することで，本編の内容を読み進める上での一助となることや，各自治体や各学校における研修等で使用する資料の参考となることを想定しています。記載内容は最小限の情報になっているので，詳細については，本編を御参照ください。

第1編

総説

第1編　総説

本編においては，以下の資料について，それぞれ略称を用いることとする。

> 答申：「幼稚園，小学校，中学校，高等学校及び特別支援学校の学習指導要領等の改善
> 　　　及び必要な方策等について（答申）」　平成28年12月21日　中央教育審議会
> 報告：「児童生徒の学習評価の在り方について（報告）」　平成31年1月21日　中央教
> 　　　育審議会　初等中等教育分科会　教育課程部会
> 改善等通知：「小学校，中学校，高等学校及び特別支援学校等における児童生徒の学習
> 　　　評価及び指導要録の改善等について（通知）」　平成31年3月29日　初等中等
> 　　　教育局長通知

第1章　平成30年の高等学校学習指導要領改訂を踏まえた学習評価の改善
1　はじめに

　　学習評価は，学校における教育活動に関し，生徒の学習状況を評価するものである。答申にもあるとおり，生徒の学習状況を的確に捉え，教師が指導の改善を図るとともに，生徒が自らの学びを振り返って次の学びに向かうことができるようにするためには，学習評価の在り方が極めて重要である。

　　各教科等の評価については，「観点別学習状況の評価」と「評定」が学習指導要領に定める目標に準拠した評価として実施するものとされている[1]。観点別学習状況の評価とは，学校における生徒の学習状況を，複数の観点から，それぞれの観点ごとに分析的に捉える評価のことである。生徒が各教科等での学習において，どの観点で望ましい学習状況が認められ，どの観点に課題が認められるかを明らかにすることにより，具体的な指導や学習の改善に生かすことを可能とするものである。各学校において目標に準拠した観点別学習状況の評価を行うに当たっては，観点ごとに評価規準を定める必要がある。評価規準とは，観点別学習状況の評価を的確に行うため，学習指導要領に示す目標の実現の状況を判断するよりどころを表現したものである。本参考資料は，観点別学習状況の評価を実施する際に必要となる評価規準等，学習評価を行うに当たって参考となる情報をまとめたものである。

　　以下，文部省指導資料から，評価規準について解説した部分を参考として引用する。

---

[1] 各教科の評価については，観点別学習状況の評価と，これらを総括的に捉える「評定」の両方について実施するものとされており，観点別学習状況の評価や評定には示しきれない生徒の一人一人のよい点や可能性，進歩の状況については，「個人内評価」として実施するものとされている（P.6～11に後述）。

（参考）評価規準の設定（抄）

（文部省「小学校教育課程一般指導資料」（平成5年9月）より）

　新しい指導要録（平成3年改訂）では，観点別学習状況の評価が効果的に行われるようにするために，「各観点ごとに学年ごとの評価規準を設定するなどの工夫を行うこと」と示されています。

　これまでの指導要録においても，観点別学習状況の評価を適切に行うため，「観点の趣旨を学年別に具体化することなどについて工夫を加えることが望ましいこと」とされており，教育委員会や学校では目標の達成の度合いを判断するための基準や尺度などの設定について研究が行われてきました。

　しかし，それらは，ともすれば知識・理解の評価が中心になりがちであり，また「目標を十分達成（＋）」，「目標をおおむね達成（空欄）」及び「達成が不十分（－）」ごとに詳細にわたって設定され，結果としてそれを単に数量的に処理することに陥りがちであったとの指摘がありました。

　今回の改訂においては，学習指導要領が目指す学力観に立った教育の実践に役立つようにすることを改訂方針の一つとして掲げ，各教科の目標に照らしてその実現の状況を評価する観点別学習状況を各教科の学習の評価の基本に据えることとしました。したがって，評価の観点についても，学習指導要領に示す目標との関連を密にして設けられています。

　このように，学習指導要領が目指す学力観に立つ教育と指導要録における評価とは一体のものであるとの考え方に立って，各教科の目標の実現の状況を「関心・意欲・態度」，「思考・判断・表現」，「技能・表現（または技能）」及び「知識・理解」の観点ごとに適切に評価するため，「評価規準を設定する」ことを明確に示しているものです。

　「評価規準」という用語については，先に述べたように，新しい学力観に立って子供たちが自ら獲得し身に付けた資質や能力の質的な面，すなわち，学習指導要領の目標に基づく幅のある資質や能力の育成の実現状況の評価を目指すという意味から用いたものです。

2　平成30年の高等学校学習指導要領改訂を踏まえた学習評価の意義

（1）学習評価の充実

　　平成30年に改訂された高等学校学習指導要領総則においては，学習評価の充実について新たに項目が置かれている。具体的には，学習評価の目的等について以下のように示し，単元や題材など内容や時間のまとまりを見通しながら，生徒の主体的・対話的で深い学びの実現に向けた授業改善を行うと同時に，評価の場面や方法を工夫して，学習の過程や成果を評価することを示し，授業の改善と評価の改善を両輪として行っていくことの必要性が明示されている。

> ・生徒のよい点や進歩の状況などを積極的に評価し，学習したことの意義や価値を実感できるようにすること。また，各教科・科目等の目標の実現に向けた学習状況を把握する観点から，単元や題材など内容や時間のまとまりを見通しながら評価の場面や方法を工夫して，学習の過程や成果を評価し，指導の改善や学習意欲の向上を図り，資質・能力の育成に生かすようにすること。
> ・創意工夫の中で学習評価の妥当性や信頼性が高められるよう，組織的かつ計画的な取組を推進するとともに，学年や学校段階を越えて生徒の学習の成果が円滑に接続されるように工夫すること。

（高等学校学習指導要領 第1章 総則 第3款 教育課程の実施と学習評価　2　学習評価の充実）

　報告では現状の学習評価の課題として，学校や教師の状況によっては，学期末や学年末などの事後での評価に終始してしまうことが多く，評価の結果が生徒の具体的な学習改善につながっていないなどの指摘があるとしている。このため，学習評価の充実に当たっては，いわゆる評価のための評価に終わることのないよう指導と評価の一体化を図り，学習の成果だけでなく，学習の過程を一層重視し，生徒が自分自身の目標や課題をもって学習を進めていけるように評価を行うことが大切である。

　また，報告においては，教師によって学習評価の方針が異なり，生徒が学習改善につなげにくいといった現状の課題も指摘されている。平成29年度文部科学省委託調査「学習指導と学習評価に対する意識調査」（以下「平成29年度文科省意識調査」）では，学習評価への取組状況について，「A：校内で評価方法や評価規準を共有したり，授業研究を行ったりして，学習評価の改善に，学校全体で取り組んでいる」「B：評価規準の改善，評価方法の研究などは，教員個人に任されている」の二つのうちどちらに近いか尋ねたところ，高等学校では「B」又は「どちらかと言うとB」が約55％を占めている。このような現状を踏まえ，特に高等学校においては，学習評価の妥当性や信頼性を高め，授業改善や組織運営の改善に向けた学校教育全体の取組に位置付ける観点から，組織的かつ計画的に取り組むようにすることが必要である。

（2）カリキュラム・マネジメントの一環としての指導と評価

　各学校における教育活動の多くは，学習指導要領等に従い生徒や地域の実態を踏まえて編成された教育課程の下，指導計画に基づく授業（学習指導）として展開される。各学校では，生徒の学習状況を評価し，その結果を生徒の学習や教師による指導の改善や学校全体としての教育課程の改善等に生かし，学校全体として組織的かつ計画的に教育活動の質の向上を図っていくことが必要である。このように，「学習指導」と「学習評価」は学校の教育活動の根幹に当たり，教育課程に基づいて組織的かつ計画的に教育活動の質の向上を図る「カリキュラム・マネジメント」の中核的な役割を担っているのである。

（3）主体的・対話的で深い学びの視点からの授業改善と評価

指導と評価の一体化を図るためには，生徒一人一人の学習の成立を促すための評価という視点を一層重視し，教師が自らの指導のねらいに応じて授業での生徒の学びを振り返り，学習や指導の改善に生かしていくことが大切である。すなわち，平成30年に改訂された高等学校学習指導要領で重視している「主体的・対話的で深い学び」の視点からの授業改善を通して各教科等における資質・能力を確実に育成する上で，学習評価は重要な役割を担っている。

（4）学習評価の改善の基本的な方向性

（1）〜（3）で述べたとおり，学習指導要領改訂の趣旨を実現するためには，学習評価の在り方が極めて重要であり，すなわち，学習評価を真に意味のあるものとし，指導と評価の一体化を実現することがますます求められている。

このため，報告では，以下のように学習評価の改善の基本的な方向性が示された。

① 児童生徒の学習改善につながるものにしていくこと

② 教師の指導改善につながるものにしていくこと

③ これまで慣行として行われてきたことでも，必要性・妥当性が認められないものは見直していくこと

3　平成30年の高等学校学習指導要領改訂を受けた評価の観点の整理

平成30年改訂学習指導要領においては，知・徳・体にわたる「生きる力」を生徒に育むために「何のために学ぶのか」という各教科等を学ぶ意義を共有しながら，授業の創意工夫や教科書等の教材の改善を促すため，全ての教科・科目等の目標及び内容を「知識及び技能」，「思考力，判断力，表現力等」，「学びに向かう力，人間性等」の育成を目指す資質・能力の三つの柱で再整理した（図1参照）。知・徳・体のバランスのとれた「生きる力」を育むことを目指すに当たっては，各教科・科目等の指導を通してどのような資質・能力の育成を目指すのかを明確にしながら教育活動の充実を図ること，その際には，生徒の発達の段階や特性を踏まえ，三つの柱に沿った資質・能力の育成がバランスよく実現できるよう留意する必要がある。

図1

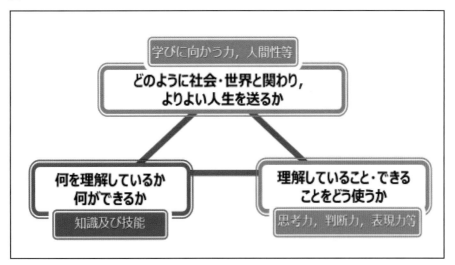

　観点別学習状況の評価については，こうした教育目標や内容の再整理を踏まえて，小・中・高等学校の各教科を通じて，4観点から3観点に整理された（図2参照）。

図2

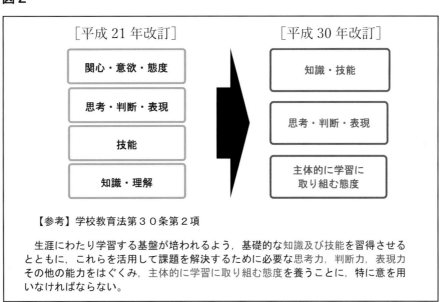

4　平成30年の高等学校学習指導要領改訂における各教科・科目の学習評価

　各教科・科目の学習評価においては，平成30年改訂においても，学習状況を分析的に捉える「観点別学習状況の評価」と，これらを総括的に捉える「評定」の両方について，学習指導要領に定める目標に準拠した評価として実施するものとされた。

　同時に，答申では「観点別学習状況の評価」について，高等学校では，知識量のみを問うペーパーテストの結果や，特定の活動の結果などのみに偏重した評価が行われているのではないかとの懸念も示されており，指導要録の様式の改善などを通じて評価の観点を明確にし，観点別学習状況の評価を更に普及させていく必要があるとされた。報告ではこの点について，以下のとおり示されている。

【高等学校における観点別学習状況の評価の扱いについて】

○　高等学校においては，従前より観点別学習状況の評価が行われてきたところであるが，地域や学校によっては，その取組に差があり，形骸化している場合があるとの指摘もある。「平成29年度文科省意識調査」では，高等学校が指導要録に観点別学習状況の評価を記録している割合は，13.3％にとどまる。そのため，高等学校における観点別学習状況の評価を更に充実し，その質を高める観点から，今後国が発出する学習評価及び指導要録の改善等に係る通知の「高等学校及び特別支援学校高等部の指導要録に記載する事項等」において，観点別学習状況の評価に係る説明を充実するとともに，指導要録の参考様式に記載欄を設けることとする。

　　これを踏まえ，改善等通知においては，高等学校生徒指導要録に新たに観点別学習状況の評価の記載欄を設けることとした上で，以下のように示されている。

【高等学校生徒指導要録】（学習指導要領に示す各教科・科目の取扱いは次のとおり）

　［各教科・科目の学習の記録］

　I　観点別学習状況

　　　学習指導要領に示す各教科・科目の目標に基づき，学校が生徒や地域の実態に即して定めた当該教科・科目の目標や内容に照らして，その実現状況を観点ごとに評価し記入する。その際，

　　　　　「十分満足できる」状況と判断されるもの：A

　　　　　「おおむね満足できる」状況と判断されるもの：B

　　　　　「努力を要する」状況と判断されるもの：C

　　のように区別して評価を記入する。

　II　評定

　　　各教科・科目の評定は，学習指導要領に示す各教科・科目の目標に基づき，学校が生徒や地域の実態に即して定めた当該教科・科目の目標や内容に照らし，その実現状況を総括的に評価して，

　　　　　「十分満足できるもののうち，特に程度が高い」状況と判断されるもの：5

　　　　　「十分満足できる」状況と判断されるもの：4

　　　　　「おおむね満足できる」状況と判断されるもの：3

　　　　　「努力を要する」状況と判断されるもの：2

　　　　　「努力を要すると判断されるもののうち，特に程度が低い」状況と判断されるもの：1

　　のように区別して評価を記入する。

　　　評定は各教科・科目の学習の状況を総括的に評価するものであり，「観点別学習状況」において掲げられた観点は，分析的な評価を行うものとして，各教科・科目の評定を行う場合において基本的な要素となるものであることに十分留意する。その際，評定の適切な決定方法等については，各学校において定める。

　「平成29年度文科省意識調査」では，「観点別学習状況の評価は実践の蓄積があり，定着してきている」に対する「そう思う」又は「まあそう思う」との回答の割合は，小学校・中学校では80％を超えるのに対し，高等学校では約45％にとどまっている。このような現状を踏まえ，今後高等学校においては，観点別学習状況の評価を更に充実し，その質を高めることが求められている。

　また，観点別学習状況の評価や評定には示しきれない生徒一人一人のよい点や可能性，進歩の状況については，「個人内評価」として実施するものとされている。改善等通知においては，「観点別学習状況の評価になじまず個人内評価の対象となるものについては，児童生徒が学習したことの意義や価値を実感できるよう，日々の教育活動等の中で児童生徒に伝えることが重要であること。特に『学びに向かう力，人間性等』のうち『感性や思いやり』など児童生徒一人一人のよい点や可能性，進歩の状況などを積極的に評価し児童生徒に伝えることが重要であること。」と示されている。

　「3　平成30年の高等学校学習指導要領改訂を受けた評価の観点の整理」も踏まえて各教科における評価の基本構造を図示化すると，以下のようになる（図3参照）。

図3

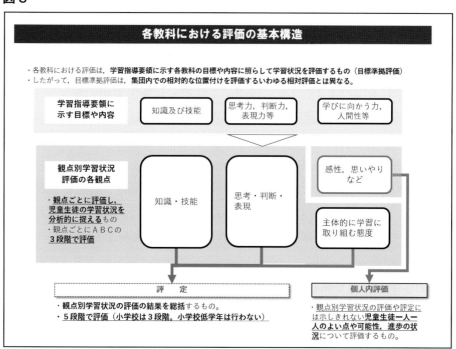

　上記の，「各教科における評価の基本構造」を踏まえた3観点の評価それぞれについての考え方は，以下の（1）～（3）のとおりとなる。なお，この考え方は，総合的な探究の時間，特別活動においても同様に考えることができる。

（1）「知識・技能」の評価について

　「知識・技能」の評価は，各教科等における学習の過程を通した知識及び技能の習得状況について評価を行うとともに，それらを既有の知識及び技能と関連付けたり活用したりする中で，他の学習や生活の場面でも活用できる程度に概念等を理解したり，技能を習得したりしているかについても評価するものである。

　「知識・技能」におけるこのような考え方は，従前の「知識・理解」（各教科等において習得すべき知識や重要な概念等を理解しているかを評価），「技能」（各教科等において習得すべき技能を身に付けているかを評価）においても重視してきたものである。

　具体的な評価の方法としては，ペーパーテストにおいて，事実的な知識の習得を問う問題と，知識の概念的な理解を問う問題とのバランスに配慮するなどの工夫改善を図るとともに，例えば，生徒が文章による説明をしたり，各教科等の内容の特質に応じて，観察・実験したり，式やグラフで表現したりするなど，実際に知識や技能を用いる場面を設けるなど，多様な方法を適切に取り入れていくことが考えられる。

（2）「思考・判断・表現」の評価について

　「思考・判断・表現」の評価は，各教科等の知識及び技能を活用して課題を解決する等のために必要な思考力，判断力，表現力等を身に付けているかを評価するものである。

　「思考・判断・表現」におけるこのような考え方は，従前の「思考・判断・表現」の観点においても重視してきたものである。「思考・判断・表現」を評価するためには，教師は「主体的・対話的で深い学び」の視点からの授業改善をする中で，生徒が思考・判断・表現する場面を効果的に設計するなどした上で，指導・評価することが求められる。

　具体的な評価の方法としては，ペーパーテストのみならず，論述やレポートの作成，発表，グループでの話合い，作品の制作や表現等の多様な活動を取り入れたり，それらを集めたポートフォリオを活用したりするなど評価方法を工夫することが考えられる。

（3）「主体的に学習に取り組む態度」の評価について

　答申において「学びに向かう力，人間性等」には，①「主体的に学習に取り組む態度」として観点別学習状況の評価を通じて見取ることができる部分と，②観点別学習状況の評価や評定にはなじまず，こうした評価では示しきれないことから個人内評価を通じて見取る部分があることに留意する必要があるとされている。すなわち，②については観点別学習状況の評価の対象外とする必要がある。

　「主体的に学習に取り組む態度」の評価に際しては，単に継続的な行動や積極的な発言を行うなど，性格や行動面の傾向を評価するということではなく，各教科等の「主体的に学習に取り組む態度」に係る観点の趣旨に照らして，知識及び技能を習得したり，思考力，判断力，表現力等を身に付けたりするために，自らの学習状況を把握し，学習の進め方について試行錯誤するなど自らの学習を調整しながら，学ぼうとしているか

どうかという意思的な側面を評価することが重要である。

　従前の「関心・意欲・態度」の観点も，各教科等の学習内容に関心をもつことのみならず，よりよく学ぼうとする意欲をもって学習に取り組む態度を評価するという考え方に基づいたものであり，この点を「主体的に学習に取り組む態度」として改めて強調するものである。

　本観点に基づく評価は，「主体的に学習に取り組む態度」に係る各教科等の評価の観点の趣旨に照らして，

①　知識及び技能を獲得したり，思考力，判断力，表現力等を身に付けたりすることに向けた粘り強い取組を行おうとしている側面

②　①の粘り強い取組を行う中で，自らの学習を調整しようとする側面

という二つの側面を評価することが求められる[2]（図4参照）。

　ここでの評価は，生徒の学習の調整が「適切に行われているか」を必ずしも判断するものではなく，学習の調整が知識及び技能の習得などに結び付いていない場合には，教師が学習の進め方を適切に指導することが求められる。

　具体的な評価の方法としては，ノートやレポート等における記述，授業中の発言，教師による行動観察や生徒による自己評価や相互評価等の状況を，教師が評価を行う際に考慮する材料の一つとして用いることなどが考えられる。

図4

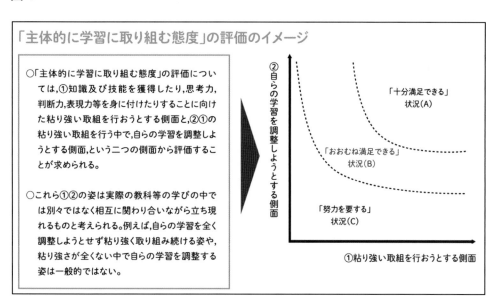

---

[2] これら①②の姿は実際の教科等の学びの中では別々ではなく相互に関わり合いながら立ち現れるものと考えられることから，実際の評価の場面においては，双方の側面を一体的に見取ることも想定される。例えば，自らの学習を全く調整しようとせず粘り強く取り組み続ける姿や，粘り強さが全くない中で自らの学習を調整する姿は一般的ではない。

　なお，学習指導要領の「2　内容」に記載のない「主体的に学習に取り組む態度」
の評価については，後述する第2章1（2）を参照のこと[3]。

5　改善等通知における総合的な探究の時間，特別活動の指導要録の記録

　改善等通知においては，各教科の学習の記録とともに，以下の（1），（2）の各教科等
の指導要録における学習の記録について以下のように示されている。

（1）総合的な探究の時間について

　改善等通知別紙3には，「総合的な探究の時間の記録については，この時間に行った
学習活動及び各学校が自ら定めた評価の観点を記入した上で，それらの観点のうち，生
徒の学習状況に顕著な事項がある場合などにその特徴を記入する等，生徒にどのよう
な力が身に付いたかを文章で端的に記述する」とされている。また，「評価の観点につ
いては，高等学校学習指導要領等に示す総合的な探究の時間の目標を踏まえ，各学校に
おいて具体的に定めた目標，内容に基づいて別紙5を参考に定める」とされている。

（2）特別活動について

　改善等通知別紙3には，「特別活動の記録については，各学校が自ら定めた特別活動
全体に係る評価の観点を記入した上で，各活動・学校行事ごとに，評価の観点に照ら
して十分満足できる活動の状況にあると判断される場合に，〇印を記入する」とされてい
る。また，「評価の観点については，高等学校学習指導要領等に示す特別活動の目標を
踏まえ，各学校において別紙5を参考に定める。その際，特別活動の特質や学校として
重点化した内容を踏まえ，例えば『主体的に生活や人間関係をよりよくしようとする態
度』などのように，より具体的に定めることも考えられる。記入に当たっては，特別活
動の学習が学校やホームルームにおける集団活動や生活を対象に行われるという特質
に留意する」とされている。

　なお，特別活動は学級担任以外の教師が指導する活動もあることから，評価体制を確
立し，共通理解を図って，生徒のよさや可能性を多面的・総合的に評価するとともに，
確実に資質・能力が育成されるよう指導の改善に生かすことが求められる。

---

[3] 各教科等によって，評価の対象に特性があることに留意する必要がある。例えば，保健体
育科の体育に関する科目においては，公正や協力などを，育成する「態度」として学習指導
要領に位置付けており，各教科等の目標や内容に対応した学習評価が行われることとされ
ている。

6 障害のある生徒の学習評価について

学習評価に関する基本的な考え方は，障害のある生徒の学習評価についても同様である。

障害のある生徒については，特別支援学校等の助言又は援助を活用しつつ，個々の生徒の障害の状態や特性及び心身の発達の段階に応じた指導内容や指導方法の工夫を行い，その評価を適切に行うことが必要である。また，指導内容や指導方法の工夫については，学習指導要領の各教科・科目の「指導計画の作成と内容の取扱い」の「指導計画作成上の配慮事項」の「障害のある生徒への配慮についての事項」についての学習指導要領解説も参考となる。

7 評価の方針等の生徒や保護者への共有について

学習評価の妥当性や信頼性を高めるとともに，生徒自身に学習の見通しをもたせるために，学習評価の方針を事前に生徒と共有する場面を必要に応じて設けることが求められており，生徒に評価の結果をフィードバックする際にも，どのような方針によって評価したのかを改めて生徒に共有することも重要である。

また，学習指導要領下での学習評価の在り方や基本方針等について，様々な機会を捉えて保護者と共通理解を図ることが非常に重要である。

第2章　学習評価の基本的な流れ

1　各学科に共通する各教科における評価規準の作成及び評価の実施等について

（1）目標と「評価の観点及びその趣旨」との対応関係について

　　　評価規準の作成に当たっては，各学校の実態に応じて目標に準拠した評価を行うために，「評価の観点及びその趣旨[4]」が各教科の目標を踏まえて作成されていることを確認することが必要である[5]。また，教科の目標と「評価の観点及びその趣旨」との関係性を踏まえ，科目の目標に対する「評価の観点の趣旨」を作成することが必要である。

　　　なお，「主体的に学習に取り組む態度」の観点は，教科・科目の目標の（3）に対応するものであるが，観点別学習状況の評価を通じて見取ることができる部分をその内容として整理し，示していることを確認することが必要である（図5，6参照）。

図5

【学習指導要領「教科の目標」】

学習指導要領　各教科の「第1款　目標」等

（1）	（2）	（3）
（知識及び技能に関する目標）	（思考力，判断力，表現力等に関する目標）	（学びに向かう力，人間性等に関する目標）[6]

【改善等通知　別紙5「評価の観点及びその趣旨」】

観点	知識・技能	思考・判断・表現	主体的に学習に取り組む態度
趣旨	（知識・技能の観点の趣旨）	（思考・判断・表現の観点の趣旨）	（主体的に学習に取り組む態度の観点の趣旨）

---

[4] 各教科等の学習指導要領の目標の規定を踏まえ，観点別学習状況の評価の対象とするものについて整理したものが教科等の観点の趣旨である。

[5] 芸術科においては，「第2款　各科目」における音楽Ⅰ～Ⅲ，美術Ⅰ～Ⅲ，工芸Ⅰ～Ⅲ，書道Ⅰ～Ⅲについて，それぞれ科目の目標を踏まえて「評価の観点及びその趣旨」が作成されている。

[6] 学びに向かう力，人間性等に関する目標には，個人内評価として実施するものも含まれている。

図6

【学習指導要領「科目の目標」】

学習指導要領　各教科の「第2款　各科目」における科目の目標

(1)	(2)	(3)
（知識及び技能に関する目標）	（思考力，判断力，表現力等に関する目標）	（学びに向かう力，人間性等に関する目標）[7]

観点	知識・技能	思考・判断・表現	主体的に学習に取り組む態度
趣旨	（知識・技能の観点の趣旨）	（思考・判断・表現の観点の趣旨）	（主体的に学習に取り組む態度の観点の趣旨）
	科目の目標に対する「評価の観点の趣旨」は各学校等において作成する		

（2）「内容のまとまりごとの評価規準」について

　　本参考資料では，評価規準の作成等について示す。具体的には，第2編において学習指導要領の規定から「内容のまとまりごとの評価規準」を作成する際の手順を示している。ここでの「内容のまとまり」とは，学習指導要領に示す各教科等の「第2款　各科目」における各科目の「1　目標」及び「2　内容」の項目等をそのまとまりごとに細分化したり整理したりしたものである[8]。平成30年に改訂された高等学校学習指導要領においては資質・能力の三つの柱に基づく構造化が行われたところであり，各学科に共通する各教科においては，学習指導要領に示す各教科の「第2款 各科目」の「2　内容」

---

[7] 脚注6を参照

[8] 各教科等の学習指導要領の「第3款　各科目にわたる指導計画の作成と内容の取扱い」1(1)に「単元（題材）などの内容や時間のまとまり」という記載があるが，この「内容や時間のまとまり」と，本参考資料における「内容のまとまり」は同義ではないことに注意が必要である。前者は，主体的・対話的で深い学びを実現するため，主体的に学習に取り組めるよう学習の見通しを立てたり学習したことを振り返ったりして自身の学びや変容を自覚できる場面をどこに設定するか，対話によって自分の考えなどを広げたり深めたりする場面をどこに設定するか，学びの深まりをつくりだすために，生徒が考える場面と教師が教える場面をどのように組み立てるか，といった視点による授業改善は，1単位時間の授業ごとに考えるのではなく，単元や題材などの一定程度のまとまりごとに検討されるべきであることが示されたものである。後者（本参考資料における「内容のまとまり」）については，本文に述べるとおりである。

において[9]，「内容のまとまり」ごとに育成を目指す資質・能力が示されている。このため，「2　内容」の記載はそのまま学習指導の目標となりうるものである[10]。学習指導要領の目標に照らして観点別学習状況の評価を行うに当たり，生徒が資質・能力を身に付けた状況を表すために，「2　内容」の記載事項の文末を「～すること」から「～している」と変換したもの等を，本参考資料において「内容のまとまりごとの評価規準」と呼ぶこととする[11]。

ただし，「主体的に学習に取り組む態度」に関しては，特に，生徒の学習への継続的な取組を通して現れる性質を有すること等から[12]，「2　内容」に記載がない[13]。そのため，各科目の「1　目標」を参考にして作成した科目の目標に対する「評価の観点の趣旨」を踏まえつつ，必要に応じて，改善等通知別紙5に示された評価の観点の趣旨のうち「主体的に学習に取り組む態度」に関わる部分を用いて「内容のまとまりごとの評価規準」を作成する必要がある。

なお，各学校においては，「内容のまとまりごとの評価規準」の考え方を踏まえて，各学校の実態を考慮し，単元や題材の評価規準等，学習評価を行う際の評価規準を作成する。

---

[9] 外国語においては「第2款　各科目」の「1　目標」である。

[10] 「2　内容」において示されている指導事項等を整理することで「内容のまとまり」を構成している教科もある。この場合は，整理した資質・能力をもとに，構成された「内容のまとまり」に基づいて学習指導の目標を設定することとなる。また，目標や評価規準の設定は，教育課程を編成する主体である各学校が，学習指導要領に基づきつつ生徒や学校，地域の実情に応じて行うことが必要である。

[11] 各学科に共通する各教科第9節家庭については，学習指導要領の「第1款　目標」(2)及び「第2款　各科目」の「1　目標」(2)に思考力・判断力・表現力等の育成に係る学習過程が記載されているため，これらを踏まえて「内容のまとまりごとの評価規準」を作成する必要がある。

[12] 各教科等の特性によって単元や題材など内容や時間のまとまりはさまざまであることから，評価を行う際は，それぞれの実現状況が把握できる段階について検討が必要である。

[13] 各教科等によって，評価の対象に特性があることに留意する必要がある。例えば，保健体育科の体育に関する科目においては，公正や協力などを，育成する「態度」として学習指導要領に位置付けており，各教科等の目標や内容に対応した学習評価が行われることとされている。

（3）「内容のまとまりごとの評価規準」を作成する際の基本的な手順

　各教科における[14]，「内容のまとまりごとの評価規準」を作成する際の基本的な手順は以下のとおりである。

> 　学習指導要領に示された教科及び科目の目標を踏まえて，「評価の観点及びその趣旨」が作成されていることを理解した上で，
>
> ① 　各教科における「内容のまとまり」と「評価の観点」との関係を確認する。
>
> ② 　【観点ごとのポイント】を踏まえ，「内容のまとまりごとの評価規準」を作成する。

（4）評価の計画を立てることの重要性

　学習指導のねらいが生徒の学習状況として実現されたかについて，評価規準に照らして観察し，毎時間の授業で適宜指導を行うことは，育成を目指す資質・能力を生徒に育むためには不可欠である。その上で，評価規準に照らして，観点別学習状況の評価をするための記録を取ることになる。そのためには，いつ，どのような方法で，生徒について観点別学習状況を評価するための記録を取るのかについて，評価の計画を立てることが引き続き大切である。

　しかし，毎時間生徒全員について記録を取り，総括の資料とするために蓄積することは現実的ではないことからも，生徒全員の学習状況を記録に残す場面を精選し，かつ適切に評価するための評価の計画が一層重要になる。

（5）観点別学習状況の評価に係る記録の総括

　適切な評価の計画の下に得た，生徒の観点別学習状況の評価に係る記録の総括の時期としては，単元（題材）末，学期末，学年末等の節目が考えられる。

　総括を行う際，観点別学習状況の評価に係る記録が，観点ごとに複数ある場合は，例えば，次のような総括の方法が考えられる。

・ 評価結果のＡ，Ｂ，Ｃの数を基に総括する場合

　何回か行った評価結果のＡ，Ｂ，Ｃの数が多いものが，その観点の学習の実施状況を最もよく表現しているとする考え方に立つ総括の方法である。例えば，3回評価を行った結果が「ＡＢＢ」ならばＢと総括することが考えられる。なお，「ＡＡＢＢ」の総括結果をＡとするかＢとするかなど，同数の場合や三つの記号が混在する場合の総括の仕方をあらかじめ各学校において決めておく必要がある。

---

[14] 芸術科においては，「第2款　各科目」における音楽Ⅰ～Ⅲ，美術Ⅰ～Ⅲ，工芸Ⅰ～Ⅲ，書道Ⅰ～Ⅲについて，必要に応じてそれぞれ「内容のまとまりごとの評価規準」を作成する。

・　**評価結果のＡ，Ｂ，Ｃを数値に置き換えて総括する場合**

　　何回か行った評価結果Ａ，Ｂ，Ｃを，例えばＡ＝３，Ｂ＝２，Ｃ＝１のように数値によって表し，合計したり平均したりする総括の方法である。例えば，総括の結果をＢとする範囲を［1.5≦平均値≦2.5］とすると，「ＡＢＢ」の平均値は，約2.3［（３＋２＋２）÷３］で総括の結果はＢとなる。

　　なお，評価の各節目のうち特定の時点に重きを置いて評価を行うこともできるが，その際平均値による方法等以外についても様々な総括の方法が考えられる。

（6）観点別学習状況の評価の評定への総括

　　評定は，各教科の観点別学習状況の評価を総括した数値を示すものである。評定は，生徒がどの教科の学習に望ましい学習状況が認められ，どの教科の学習に課題が認められるのかを明らかにすることにより，教育課程全体を見渡した学習状況の把握と指導や学習の改善に生かすことを可能とするものである。

　　評定への総括は，学期末や学年末などに行われることが多い。学年末に評定へ総括する場合には，学期末に総括した評定の結果を基にする場合と，学年末に観点ごとに総括した結果を基にする場合が考えられる。

　　観点別学習状況の評価の評定への総括は，各観点の評価結果をＡ，Ｂ，Ｃの組合せ，又は，Ａ，Ｂ，Ｃを数値で表したものに基づいて総括し，その結果を５段階で表す。

　　Ａ，Ｂ，Ｃの組合せから評定に総括する場合，「ＢＢＢ」であれば３を基本としつつ，「ＡＡＡ」であれば５又は４，「ＣＣＣ」であれば２又は１とするのが適当であると考えられる。それ以外の場合は，各観点のＡ，Ｂ，Ｃの数の組合せから適切に評定することができるようあらかじめ各学校において決めておく必要がある。

　　なお，観点別学習状況の評価結果は，「十分満足できる」状況と判断されるものをＡ，「おおむね満足できる」状況と判断されるものをＢ，「努力を要する」状況と判断されるものをＣのように表されるが，そこで表された学習の実現状況には幅があるため，機械的に評定を算出することは適当ではない場合も予想される。

　　また，評定は，高等学校学習指導要領等に示す各教科・科目の目標に照らして，その実現状況を「十分満足できるもののうち，特に程度が高い」状況と判断されるものを５，「十分満足できる」状況と判断されるものを４，「おおむね満足できる」状況と判断されるものを３，「努力を要する」状況と判断されるものを２，「努力を要すると判断されるもののうち，特に程度が低い」状況と判断されるものを１（単位不認定）という数値で表される。しかし，この数値を生徒の学習状況について五つに分類したものとして捉えるのではなく，常にこの結果の背後にある生徒の具体的な学習の実現状況を思い描き，適切に捉えることが大切である。評定への総括に当たっては，このようなことも十分に検討する必要がある[15]。また，各学校では観点別学習状況の評価の観点ごとの総括

---

[15] 改善等通知では，「評定は各教科の学習の状況を総括的に評価するものであり，『観点別

及び評定への総括の考え方や方法について，教師間で共通理解を図り，生徒及び保護者に十分説明し理解を得ることが大切である。

2　主として専門学科（職業教育を主とする専門学科）において開設される各教科における評価規準の作成及び評価の実施等について

（1）目標と「評価の観点及びその趣旨」との対応関係について

　　評価規準の作成に当たっては，各学校の実態に応じて目標に準拠した評価を行うために，「評価の観点及びその趣旨」が各教科の目標を踏まえて作成されていることを確認することが必要である。また，教科の目標と「評価の観点及びその趣旨」との関係性を踏まえ，科目の目標に対する「評価の観点の趣旨」を作成することが必要である。

　　なお，「主体的に学習に取り組む態度」の観点は，教科・科目の目標の（3）に対応するものであるが，観点別学習状況の評価を通じて見取ることができる部分をその内容として整理し，示していることを確認することが必要である（図7，8参照）。

図7

【学習指導要領「教科の目標」】

学習指導要領　各教科の「第1款　目標」

（1）	（2）	（3）
（知識及び技術に関する目標）	（思考力，判断力，表現力等に関する目標）	（学びに向かう力，人間性等に関する目標）[16]

【改善等通知　別紙5「評価の観点及びその趣旨」】

観点	知識・技術	思考・判断・表現	主体的に学習に取り組む態度
趣旨	（知識・技術の観点の趣旨）	（思考・判断・表現の観点の趣旨）	（主体的に学習に取り組む態度の観点の趣旨）

学習状況』において掲げられた観点は，分析的な評価を行うものとして，各教科の評定を行う場合において基本的な要素となるものであることに十分留意する。その際，評定の適切な決定方法等については，各学校において定める。」と示されている（P.8参照）。

[16] 脚注6を参照

図8

【学習指導要領「科目の目標」】

学習指導要領　各教科の「第2款　各科目」における科目の目標

	(1)	(2)	(3)
	（知識及び技術に関する目標）	（思考力，判断力，表現力等に関する目標）	（学びに向かう力，人間性等に関する目標）[17]

観点	知識・技術	思考・判断・表現	主体的に学習に取り組む態度
趣旨	（知識・技術の観点の趣旨）	（思考・判断・表現の観点の趣旨）	（主体的に学習に取り組む態度の観点の趣旨）
	科目の目標に対する「評価の観点の趣旨」は各学校等において作成する		

（2）職業教育を主とする専門学科において開設される「〔指導項目〕ごとの評価規準」について

職業教育を主とする専門学科においては，学習指導要領の規定から「〔指導項目〕ごとの評価規準」を作成する際の手順を示している。

平成30年に改訂された高等学校学習指導要領においては資質・能力の三つの柱に基づく構造化が行われたところであり，職業教育を主とする専門学科においては，学習指導要領解説に示す各科目の「第2　内容とその取扱い」の「2　内容」の各〔指導項目〕において，育成を目指す資質・能力が示されている。このため，「2　内容〔指導項目〕」の記載はそのまま学習指導の目標となりうるものである。学習指導要領及び学習指導要領解説の目標に照らして観点別学習状況の評価を行うに当たり，生徒が資質・能力を身に付けた状況を表すために，「2　内容　〔指導項目〕」の記載事項の文末を「〜すること」から「〜している」と変換したもの等を，本参考資料において「〔指導項目〕ごとの評価規準」と呼ぶこととする。

なお，職業教育を主とする専門学科については，「2　内容　〔指導項目〕」に「学びに向かう力・人間性」に係る項目が存在する。この「学びに向かう力・人間性」に係る項目から，観点別学習状況の評価になじまない部分等を除くことで「主体的に学習に取り組む態度」の「〔指導項目〕ごとの評価規準」を作成することができる。

これらを踏まえ，職業教育を主とする専門学科においては，各科目における「内容のまとまり」を〔指導項目〕に置き換えて記載することとする。

---

[17]　脚注6を参照

　各学校においては,「〔指導項目〕ごとの評価規準」の考え方を踏まえて,各学校の実態を考慮し,単元の評価規準等,学習評価を行う際の評価規準を作成する。

（3）「〔指導項目〕ごとの評価規準」を作成する際の基本的な手順

　職業教育を主とする専門学科における,「〔指導項目〕ごとの評価規準」を作成する際の基本的な手順は以下のとおりである。

　学習指導要領に示された教科及び科目の目標を踏まえて,「評価の観点及びその趣旨」が作成されていることを理解した上で,

① 各科目における〔指導項目〕と「評価の観点」との関係を確認する。

② 【観点ごとのポイント】を踏まえ,「〔指導項目〕ごとの評価規準」を作成する。

3　総合的な探究の時間における評価規準の作成及び評価の実施等について
（1）総合的な探究の時間の「評価の観点」について

　平成30年に改訂された高等学校学習指導要領では,各教科等の目標や内容を「知識及び技能」,「思考力,判断力,表現力等」,「学びに向かう力,人間性等」の資質・能力の三つの柱で再整理しているが,このことは総合的な探究の時間においても同様である。

　総合的な探究の時間においては,学習指導要領が定める目標を踏まえて各学校が目標や内容を設定するという総合的な探究の時間の特質から,各学校が観点を設定するという枠組みが維持されている。一方で,各学校が目標や内容を定める際には,学習指導要領において示された以下について考慮する必要がある。

【各学校において定める目標】
・　各学校において定める目標については,各学校における教育目標を踏まえ,総合的な探究の時間を通して育成を目指す資質・能力を示すこと。　　　　　（第2の3(1)）

　総合的な探究の時間を通して育成を目指す資質・能力を示すとは,各学校における教育目標を踏まえて,各学校において定める目標の中に,この時間を通して育成を目指す資質・能力を,三つの柱に即して具体的に示すということである。

【各学校において定める内容】
・　探究課題の解決を通して育成を目指す具体的な資質・能力については,次の事項に配慮すること。
　ア　知識及び技能については,他教科等及び総合的な探究の時間で習得する知識及び技能が相互に関連付けられ,社会の中で生きて働くものとして形成されるようにすること。
　イ　思考力,判断力,表現力等については,課題の設定,情報の収集,整理・分析,

> まとめ・表現などの探究的な学習の過程において発揮され，未知の状況において活用できるものとして身に付けられるようにすること。
> ウ　学びに向かう力，人間性等については，自分自身に関すること及び他者や社会との関わりに関することの両方の視点を踏まえること。　　　　　　（第2の3(6)）

　各学校において定める内容について，今回の改訂では新たに，「目標を実現するにふさわしい探究課題」，「探究課題の解決を通して育成を目指す具体的な資質・能力」の二つを定めることが示された。「探究課題の解決を通して育成を目指す具体的な資質・能力」とは，各学校において定める目標に記された資質・能力を，各探究課題に即して具体的に示したものであり，教師の適切な指導の下，生徒が各探究課題の解決に取り組む中で，育成することを目指す資質・能力のことである。この具体的な資質・能力も，「知識及び技能」，「思考力，判断力，表現力等」，「学びに向かう力，人間性等」という資質・能力の三つの柱に即して設定していくことになる。

　このように，各学校において定める目標と内容には，三つの柱に沿った資質・能力が明示されることになる。

　したがって，資質・能力の三つの柱で再整理した学習指導要領の下での指導と評価の一体化を推進するためにも，評価の観点についてこれらの資質・能力に関わる「知識・技能」，「思考・判断・表現」，「主体的に学習に取り組む態度」の3観点に整理し示したところである。

（2）総合的な探究の時間の「内容のまとまり」の考え方

　学習指導要領の第2の2では，「各学校においては，第1の目標を踏まえ，各学校の総合的な探究の時間の内容を定める。」とされている。これは，各学校が，学習指導要領が定める目標の趣旨を踏まえて，地域や学校，生徒の実態に応じて，創意工夫を生かした内容を定めることが期待されているからである。

　この内容の設定に際しては，前述したように「目標を実現するにふさわしい探究課題」，「探究課題の解決を通して育成を目指す具体的な資質・能力」の二つを定めることが示され，探究課題としてどのような対象と関わり，その探究課題の解決を通して，どのような資質・能力を育成するのかが内容として記述されることになる（図9参照）。

　本参考資料第1編第2章の1（2）では，「内容のまとまり」について，「学習指導要領に示す各教科等の『第2款　各科目』における各科目の『1　目標』及び『2　内容』の項目等をそのまとまりごとに細分化したり整理したりしたもので，『内容のまとまり』ごとに育成を目指す資質・能力が示されている」と説明されている。

　したがって，総合的な探究の時間における「内容のまとまり」とは，全体計画に示した「目標を実現するにふさわしい探究課題」のうち，一つ一つの探究課題とその探究課題に応じて定めた具体的な資質・能力と考えることができる。

図9

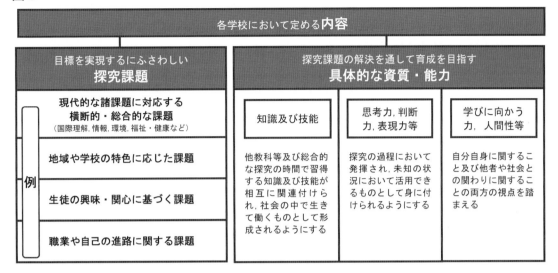

（3）「内容のまとまりごとの評価規準」を作成する際の基本的な手順

　　総合的な探究の時間における，「内容のまとまりごとの評価規準」を作成する際の基本的な手順は以下のとおりである。

> ①　各学校において定めた目標（第2の1）と「評価の観点及びその趣旨」を確認する。
>
> ②　各学校において定めた内容の記述（「内容のまとまり」として探究課題ごとに作成した「探究課題の解決を通して育成を目指す具体的な資質・能力」）が，観点ごとにどのように整理されているかを確認する。
>
> ③【観点ごとのポイント】を踏まえ，「内容のまとまりごとの評価規準」を作成する。

4　特別活動の「評価の観点」とその趣旨，並びに評価規準の作成及び評価の実施等について

（1）特別活動の「評価の観点」とその趣旨について

　　特別活動においては，改善等通知において示されたように，特別活動の特質と学校の創意工夫を生かすということから，設置者ではなく，「各学校で評価の観点を定める」ものとしている。本参考資料では「評価の観点」とその趣旨の設定について示している。

（2）特別活動の「内容のまとまり」

　　学習指導要領「第2　各活動・学校行事の目標及び内容」〔ホームルーム活動〕「2　内容」の「(1)ホームルームや学校における生活づくりへの参画」，「(2)日常の生活や学習への適応と自己の成長及び健康安全」，「(3)一人一人のキャリア形成と自己実現」，〔生徒会活動〕，〔学校行事〕「2　内容」の(1)儀式的行事，(2)文化的行事，(3)健康安全・体育的行事，(4)旅行・集団宿泊的行事，(5)勤労生産・奉仕的行事をそれぞれ「内容のまとまり」とした。

（3）特別活動の「評価の観点」とその趣旨，並びに「内容のまとまりごとの評価規準」を作成する際の基本的な手順

　各学校においては，学習指導要領に示された特別活動の目標及び内容を踏まえ，自校の実態に即し，改善等通知の例示を参考に観点を作成する。その際，例えば，特別活動の特質や学校として重点化した内容を踏まえて，具体的な観点を設定することが考えられる。

　また，学習指導要領解説では，各活動・学校行事の内容ごとに育成を目指す資質・能力が例示されている。そこで，学習指導要領で示された「各活動・学校行事の目標」及び学習指導要領解説で例示された「資質・能力」を確認し，各学校の実態に合わせて育成を目指す資質・能力を重点化して設定する。

　次に，各学校で設定した，各活動・学校行事で育成を目指す資質・能力を踏まえて，「内容のまとまりごとの評価規準」を作成する。基本的な手順は以下のとおりである。

---

① 　学習指導要領の「特別活動の目標」と改善等通知を確認する。

② 　学習指導要領の「特別活動の目標」と自校の実態を踏まえ，改善等通知の例示を参考に，特別活動の「評価の観点」とその趣旨を設定する。

③ 　学習指導要領の「各活動・学校行事の目標」及び学習指導要領解説特別活動編（平成 30 年 7 月）で例示した「各活動・学校行事における育成を目指す資質・能力」を参考に，各学校において育成を目指す資質・能力を重点化して設定する。

④ 　【観点ごとのポイント】を踏まえ，「内容のまとまりごとの評価規準」を作成する。

（参考）平成 24 年「評価規準の作成，評価方法等の工夫改善のための参考資料」からの
**　　　　変更点について**

　今回作成した本参考資料は，平成 24 年の「評価規準の作成，評価方法等の工夫改善の
ための参考資料」を踏襲するものであるが，以下のような変更点があることに留意が必要
である[18]。

　まず，平成 24 年の参考資料において使用していた「評価規準に盛り込むべき事項」や
「評価規準の設定例」については，報告において「現行の参考資料のように評価規準を詳
細に示すのではなく，各教科等の特質に応じて，学習指導要領の規定から評価規準を作成
する際の手順を示すことを基本とする」との指摘を受け，第 2 編において示すことを改
め，本参考資料の第 3 編における事例の中で，各教科等の事例に沿った評価規準を例示し
たり，その作成手順等を紹介したりする形に改めている。

　次に，本参考資料の第 2 編に示す「内容のまとまりごとの評価規準」は，平成 24 年の
「評価規準の作成，評価方法等の工夫改善のための参考資料」において示した「評価規準
に盛り込むべき事項」と作成の手順を異にする。具体的には，「評価規準に盛り込むべき
事項」は，平成 21 年改訂学習指導要領における各教科等の目標及び内容の記述を基に，
学習評価及び指導要録の改善通知で示している各教科等の評価の観点及びその趣旨を踏
まえて作成したものである。

　また，平成 24 年の参考資料では「評価規準に盛り込むべき事項」をより具体化したも
のを「評価規準の設定例」として示している。「評価規準の設定例」は，原則として，学
習指導要領の各教科等の目標及び内容のほかに，当該部分の学習指導要領解説（文部科学
省刊行）の記述を基に作成していた。他方，本参考資料における「内容のまとまりごとの
評価規準」については，平成 30 年改訂の学習指導要領の目標及び内容が育成を目指す資
質・能力に関わる記述で整理されたことから，既に確認のとおり，そこでの「内容のまと
まり」ごとの記述を，文末を変換するなどにより評価規準とすることを可能としており，
学習指導要領の記載と表裏一体をなす関係にあると言える。

　さらに，「主体的に学習に取り組む態度」の「各教科等の評価の観点の趣旨」について
である。前述のとおり，従前の「関心・意欲・態度」の観点から「主体的に学習に取り組
む態度」の観点に改められており，「主体的に学習に取り組む態度」の観点に関しては各
科目の「1　目標」を参考にしつつ，必要に応じて，改善等通知別紙 5 に示された評価の
観点の趣旨のうち「主体的に学習に取り組む態度」に関わる部分を用いて「内容のまとま
りごとの評価規準」を作成する必要がある。報告にあるとおり，「主体的に学習に取り組
む態度」は，現行の「関心・意欲・態度」の観点の本来の趣旨であった，各教科等の学習
内容に関心をもつことのみならず，よりよく学ぼうとする意欲をもって学習に取り組む

---

[18] 特別活動については，平成 30 年改訂学習指導要領を受け，初めて作成するものである。

態度を評価することを改めて強調するものである。また，本観点に基づく評価としては，「主体的に学習に取り組む態度」に係る各教科等の評価の観点の趣旨に照らし，

① 知識及び技能を獲得したり，思考力，判断力，表現力等を身に付けたりすることに向けた粘り強い取組を行おうとする側面と，

② ①の粘り強い取組を行う中で，自らの学習を調整しようとする側面，

という二つの側面を評価することが求められるとされた[19]。

　以上の点から，今回の改善等通知で示した「主体的に学習に取り組む態度」の「各教科等の評価の観点の趣旨」は，平成 22 年通知で示した「関心・意欲・態度」の「各教科等の評価の観点の趣旨」から改められている。

---

[19] 脚注 11 を参照

第2編

「内容のまとまりごとの評価規準」
を作成する際の手順

1　高等学校保健体育科の「内容のまとまり」

高等学校保健体育科における「内容のまとまり」は，以下のようになっている。

第1　体育

〔入学年次〕

A　体つくり運動

B　器械運動

C　陸上競技

D　水泳

E　球技

F　武道

G　ダンス

H　体育理論　　(1)スポーツの文化的特性や現代のスポーツの発展

〔入学年次の次の年次以降〕

A　体つくり運動

B　器械運動

C　陸上競技

D　水泳

E　球技

F　武道

G　ダンス

H　体育理論　　(2)運動やスポーツの効果的な学習の仕方

　　　　　　　　(3)豊かなスポーツライフの設計の仕方

第2　保健

(1) 現代社会と健康

(2) 安全な社会生活

(3) 生涯を通じる健康

(4) 健康を支える環境づくり

※　高等学校学習指導要領第2章第6節　保健体育　第2款「第1　体育」における「2　内容」には，〔入学年次の次の年次以降〕の内容のみ記されているが，本参考資料においては，〔入学年次〕についても「内容のまとまり」として扱うこととする。(高等学習指導要領解説　保健体育編　第1部第1章第2節2(3)オ　参照)

２　高等学校保健体育科における「内容のまとまりごとの評価規準」作成の手順

　ここでは，科目「体育」の入学年次の次の年次以降「Ｂ　器械運動」及び科目「保健」の「(2) 安全な社会生活」を取り上げて，「内容のまとまりごとの評価規準」作成の手順を説明する。

　まず，学習指導要領に示された教科の目標を踏まえて，「評価の観点及びその趣旨」が作成されていることを理解する。次に，教科の目標と「評価の観点及びその趣旨」の関係性を踏まえ，科目の目標に対する「評価の観点の趣旨」を作成する。その上で，①及び②の手順を踏む。

＜例１　「体育」　入学年次の次の年次以降「Ｂ　器械運動」＞

【高等学校学習指導要領　第２章　第６節　保健体育「第１款　目標」】

　体育や保健の見方・考え方を働かせ，課題を発見し，合理的，計画的な解決に向けた学習過程を通して，心と体を一体として捉え，生涯にわたって心身の健康を保持増進し豊かなスポーツライフを継続するための資質・能力を次のとおり育成することを目指す。

(1)	(2)	(3)
各種の運動の特性に応じた技能等及び社会生活における健康・安全について理解するとともに，技能を身に付けるようにする。	運動や健康についての自他や社会の課題を発見し，合理的，計画的な解決に向けて思考し判断するとともに，他者に伝える力を養う。	生涯にわたって継続して運動に親しむとともに健康の保持増進と体力の向上を目指し，明るく豊かで活力ある生活を営む態度を養う。

（高等学校学習指導要領 P. 131）

【改善等通知　別紙５　各教科等の評価の観点及びその趣旨　＜保健体育＞】

知識・技能	思考・判断・表現	主体的に学習に取り組む態度
運動の合理的，計画的な実践に関する具体的な事項や生涯にわたって運動を豊かに継続するための理論について理解しているとともに，目的に応じた技能を身に付けている。また，個人及び社会生活における健康・安全について総合的に理解しているとともに，技能を身に付けている。	自己や仲間の課題を発見し，合理的，計画的な解決に向けて，課題に応じた運動の取り組み方や目的に応じた運動の組み合わせ方を工夫しているとともに，それらを他者に伝えている。また，個人及び社会生活における健康に関する課題を発見し，その解決を目指して総合的に思考し判断しているとともに，それらを他者に伝えている。	運動の楽しさや喜びを深く味わうことができるよう，運動の合理的，計画的な実践に主体的に取り組もうとしている。また，健康を大切にし，自他の健康の保持増進や回復及び健康な社会づくりについての学習に主体的に取り組もうとしている。

（改善等通知　別紙５　P. ２）

【高等学校学習指導要領　第2章　第6節　保健体育「第2款　第1　体育　1　目標」】

　体育の見方・考え方を働かせ，課題を発見し，合理的，計画的な解決に向けた学習過程を通して，心と体を一体として捉え，生涯にわたって豊かなスポーツライフを継続するとともに，自己の状況に応じて体力の向上を図るための資質・能力を次のとおり育成することを目指す。

(1)	(2)	(3)
運動の合理的，計画的な実践を通して，運動の楽しさや喜びを深く味わい，生涯にわたって運動を豊かに継続することができるようにするため，運動の多様性や体力の必要性について理解するとともに，それらの技能を身に付けるようにする。	生涯にわたって運動を豊かに継続するための課題を発見し，合理的，計画的な解決に向けて思考し判断するとともに，自己や仲間の考えたことを他者に伝える力を養う。	運動における競争や協働の経験を通して，公正に取り組む，互いに協力する，自己の責任を果たす，参画する，一人一人の違いを大切にしようとするなどの意欲を育てるとともに，健康・安全を確保して，生涯にわたって継続して運動に親しむ態度を養う。

（高等学校学習指導要領 P.131）

　以下は，教科の目標と「評価の観点及びその趣旨」の関係性を踏まえた，科目の目標に対する「評価の観点の趣旨」の例である。

【「第2款　第1　体育」の評価の観点の趣旨（例）】

知識・技能	思考・判断・表現	主体的に学習に取り組む態度
運動の合理的，計画的な実践を通して，運動の楽しさや喜びを深く味わい，生涯にわたって運動を豊かに継続することができるようにするため，運動の多様性や体力の必要性について理解しているとともに，それらの技能を身に付けている。	生涯にわたって運動を豊かに継続するための課題を発見し，合理的，計画的な解決に向けて思考し判断するとともに，自己や仲間の考えたことを他者に伝えている。	生涯にわたって継続して運動に親しむために，運動における競争や協働の経験を通して，公正に取り組む，互いに協力する，自己の責任を果たす，参画する，一人一人の違いを大切にしようとするとともに，健康・安全を確保している。

① 各教科における「内容のまとまり」と「評価の観点」との関係を確認する。

B 器械運動
　器械運動について，次の事項を身に付けることができるよう指導する。
(1) 次の運動について，技がよりよくできたり自己や仲間の課題を解決したりするなどの多様な楽しさや喜びを味わい，技の名称や行い方，体力の高め方，課題解決の方法，発表の仕方などを理解するとともに，自己に適した技で演技すること。
　ア　マット運動では，回転系や巧技系の基本的な技を滑らかに安定して行うこと，条件を変えた技や発展技を行うこと及びそれらを構成し演技すること。
　イ　鉄棒運動では，支持系や懸垂系の基本的な技を滑らかに安定して行うこと，条件を変えた技や発展技を行うこと及びそれらを構成し演技すること。
　ウ　平均台運動では，体操系やバランス系の基本的な技を滑らかに安定して行うこと，条件を変えた技や発展技を行うこと及びそれらを構成し演技すること。
　エ　跳び箱運動では，切り返し系や回転系の基本的な技を滑らかに安定して行うこと，条件を変えた技や発展技を行うこと。
(2) 生涯にわたって運動を豊かに継続するための自己や仲間の課題を発見し，合理的，計画的な解決に向けて取り組み方を工夫するとともに，自己や仲間の考えたことを他者に伝えること。
(3) 器械運動に主体的に取り組むとともに，よい演技を讃えようとすること，互いに助け合い高め合おうとすること，一人一人の違いに応じた課題や挑戦を大切にしようとすることなどや，健康・安全を確保すること。

　(実線) …知識及び技能に関する内容
　(波線) …思考力，判断力，表現力等に関する内容
　(破線) …学びに向かう力，人間性等に関する内容

---

②　【観点ごとのポイント】を踏まえ，「内容のまとまりごとの評価規準」を作成する。

（1）「内容のまとまりごとの評価規準」を作成する際の【観点ごとのポイント】

○「知識・技能」のポイント

・学習指導要領の(1)の文章中，「知識」について該当する箇所は「技の名称や行い方，（略）について理解する」の部分であり，「技能」について該当する箇所は，領域の内容の技能の指導内容を示した「ア，イ，ウ，エ」の部分である。

・「知識」については，学習指導要領の(1)で育成を目指す資質・能力に該当する指導内容について，その文末を「〜について理解している」として，評価規準を作成する。

・「技能」については，学習指導要領の(1)で育成を目指す資質・能力に該当する領域の内容の技能の指導内容について，その文末を「〜できる」として，評価規準を作成する。

○「思考・判断・表現」のポイント

・学習指導要領の(2)で育成を目指す資質・能力に該当する指導内容について，その文末を「〜課題を発見し，〜を工夫するとともに，〜を他者に伝えている」として，評価規準を作成する。

○「主体的に学習に取り組む態度」のポイント

・学習指導要領の(3)で育成を目指す資質・能力に該当する指導内容について，その文末を「〜している」として，評価規準を作成する。

（2）学習指導要領の「2 内容」 及び 「内容のまとまりごとの評価規準（例）」

		知識及び技能	思考力，判断力，表現力等	学びに向かう力，人間性等
学習指導要領 2 内容		（1） 次の運動について，技がよりよくできたり自己や仲間の課題を解決したりするなどの多様な楽しさや喜びを味わい，技の名称や行い方，体力の高め方，課題解決の方法，発表の仕方などを理解するとともに，自己に適した技で演技すること。 ア マット運動では，回転系や巧技系の基本的な技を滑らかに安定して行うこと，条件を変えた技や発展技を行うこと及びそれを構成し演技すること。 イ 鉄棒運動では，支持系や懸垂系の基本的な技を滑らかに安定して行うこと，条件を変えた技や発展技を行うこと及びそれらを構成し演技すること。 ウ 平均台運動では，体操系やバランス系の基本的な技を滑らかに安定して行うこと，条件を変えた技や発展技を行うこと及びそれらを構成し演技すること。 エ 跳び箱運動では，切り返し系や回転系の基本的な技を滑らかに安定して行うこと，条件を変えた技や発展技を行うこと。	（2） 生涯にわたって運動を豊かに継続するための自己や仲間の課題を発見し，合理的，計画的な解決に向けて取り組み方を工夫するとともに，自己や仲間の考えたことを他者に伝えること。	（3） 器械運動に主体的に取り組むとともに，よい演技を讃えようとすること，互いに助け合い高め合おうとすること，一人一人の違いに応じた課題や挑戦を大切にしようとすることなどや，健康・安全を確保すること。

	知識・技能	思考・判断・表現	主体的に学習に取り組む態度
内容のまとまりごとの評価規準　例	○知識 ・技の名称や行い方，体力の高め方，課題解決の方法，発表の仕方などについて理解している。 ○技能 ・マット運動では，回転系や巧技系の基本的な技を滑らかに安定して行うこと，条件を変えた技や発展技を行うこと及びそれらを構成し演技することができる。 ・鉄棒運動では，支持系や懸垂系の基本的な技を滑らかに安定して行うこと，条件を変えた技や発展技を行うこと及びそれらを構成し演技することができる。 ・平均台運動では，体操系やバランス系の基本的な技を滑らかに安定して行うこと，条件を変えた技や発展技を行うこと及びそれらを構成し演技することができる。 ・跳び箱運動では，切り返し系や回転系の基本的な技を滑らかに安定して行うこと，条件を変えた技や発展技を行うことができる。	・生涯にわたって運動を豊かに継続するための自己や仲間の課題を発見し，合理的，計画的な解決に向けて取り組み方を工夫するとともに，自己や仲間の考えたことを他者に伝えている。	・器械運動に主体的に取り組むとともに，よい演技を讃えようとすること，互いに助け合い高め合おうとすること，一人一人の違いに応じた課題や挑戦を大切にしようとすることなどをしたり，健康・安全を確保したりしている。

＜例2　「保健」　入学年次及びその次の年次「⑵安全な社会生活」＞

【高等学校学習指導要領　第2章　第6節　保健体育「第1款　目標」】及び【改善等通知 別紙5 各教科等の評価の観点及びその趣旨　＜保健体育＞】

＜例1＞と同様のため省略

【学習指導要領　第2章　第6節　保健体育「第2款　第2　保健　1　目標」】

　保健の見方・考え方を働かせ，合理的，計画的な解決に向けた学習過程を通して，生涯を通じて人々が自らの健康や環境を適切に管理し，改善していくための資質・能力を次のとおり育成する。

(1)	(2)	(3)
個人及び社会生活における健康・安全について理解を深めるとともに，技能を身に付けるようにする。	健康についての自他や社会の課題を発見し，合理的，計画的な解決に向けて思考し判断するとともに，目的や状況に応じて他者に伝える力を養う。	生涯を通じて自他の健康の保持増進やそれを支える環境づくりを目指し，明るく豊かで活力ある生活を営む態度を養う。

（高等学校学習指導要領 P.137）

　以下は，教科の目標と「評価の観点及びその趣旨」の関係性を踏まえた，科目の目標に対する「評価の観点の趣旨」の例である。

【「第2款　第2　保健」の評価の観点の趣旨（例）】

知識・技能	思考・判断・表現	主体的に学習に取り組む態度
個人及び社会生活における健康・安全について理解を深めているとともに，技能を身に付けている。	健康についての自他や社会の課題を発見し，合理的，計画的な解決に向けて思考し判断しているとともに，目的や状況に応じて他者に伝えている。	生涯を通じて自他の健康の保持増進やそれを支える環境づくりを目指し，明るく豊かで活力ある生活を営むための学習に主体的に取り組もうとしている。

①　各教科における「内容のまとまり」と「評価の観点」との関係を確認する。

〔保健〕
(2)　安全な社会生活

(2)　安全な社会生活について，自他や社会の課題を発見し，その解決を目指した活動を通して，次の
事項を身に付けることができるよう指導する。
　ア　安全な社会生活について理解を深めるとともに，応急手当を適切にすること。
　　(ア)　安全な社会づくり
　　　　安全な社会づくりには，環境の整備とそれに応じた個人の取組が必要であること。また，交
　　　通事故を防止するには，車両の特性の理解，安全な運転や歩行など適切な行動，自他の生命を
　　　尊重する態度，交通環境の整備が関わること。交通事故には補償をはじめとした責任が生じる
　　　こと。
　　(イ)　応急手当
　　　　適切な応急手当は，傷害や疾病の悪化を軽減できること。応急手当には，正しい手順や方法
　　　があること。また，応急手当は，傷害や疾病によって身体が時間の経過とともに損なわれてい
　　　く場合があることから，速やかに行う必要があること。
　　　　心肺蘇生法などの応急手当を適切に行うこと。
　イ　安全な社会生活について，安全に関する原則や概念に着目して危険の予測やその回避の方法
　　を考え，それらを表現すること。

　　(実線) …知識及び技能に関する内容
　　(波線) …思考力，判断力，表現力等に関する内容

---

② 【観点ごとのポイント】を踏まえ，「内容のまとまりごとの評価規準」を作成する。

（1）「内容のまとまりごとの評価規準」を作成する際の【観点ごとのポイント】

○「知識・技能」のポイント

・「知識」については，学習指導要領に示す「２内容」の「安全な社会生活について理解を深める」と示している部分が該当し，それを生徒が「〜理解している」かどうかの学習状況として表すこととする。評価規準はその具体的な内容について，文末を「〜について理解している」として作成することができる。

・「技能」については，学習指導要領に示す「２内容」の「応急手当を適切に行うこと」の部分が該当し，それを生徒が「〜身に付けている」かどうかの学習状況として表すこととする。評価規準はその文末を「〜についての技能を身に付けている」として作成することができる。

○「思考・判断・表現」のポイント

・「思考・判断・表現」については，学習指導要領に示す「２内容」の「安全な社会生活について，安全に関する原則や概念に着目して危険の予測やその回避の方法を考え，それらを表現すること」と示している部分が該当し，評価規準は「〜危険の予測やその回避の方法を考えているとともに，考えたことを表現している」として作成することができる。

○「主体的に学習に取り組む態度」のポイント

・「主体的に学習に取り組む態度」については，学習指導要領に示す「２内容」に「学びに向かう力，人間性等」に関わる事項が示されていないことから，「内容のまとまりごとの評価規準」を作成する場合，「各教科等の評価の観点及びその趣旨」における「主体的に学習に取り組む態度」や「保健」の目標を基に，作成する。

・「評価の観点及びその趣旨」の冒頭に示された「〜について」の部分は，その「内容のまとまり」で対象とするものとし，これらの学習に主体的に取り組んでいるかどうかの学習状況として表すこととする。評価規準は，「各教科等の評価の観点及びその趣旨」や「保健」の目標を踏まえて，「〜についての学習に主体的に取り組もうとしている」として作成することができる。

（2）学習指導要領の「2　内容」及び「内容のまとまりごとの評価規準（例）」

		知識及び技能	思考力，判断力，表現力等	学びに向かう力，人間性等
学習指導要領　2　内容	(2)　安全な社会生活について，自他や社会の課題を発見し，その解決を目指した活動を通して，次の事項を身に付けることができるよう指導する。			
		ア　安全な社会生活について理解を深めるとともに，応急手当を適切にすること。 (ｱ)　安全な社会づくり 　　安全な社会づくりには，環境の整備とそれに応じた個人の取組が必要であること。また，交通事故を防止するには，車両の特性の理解，安全な運転や歩行など適切な行動，自他の生命を尊重する態度，交通環境の整備が関わること。交通事故には補償をはじめとした責任が生じること。 (ｲ)　応急手当 　　適切な応急手当は，傷害や疾病の悪化を軽減できること。応急手当には，正しい手順や方法があること。また，応急手当は，傷害や疾病によって身体が時間の経過とともに損なわれていく場合があることから，速やかに行う必要があること。 　　心肺蘇生法などの応急手当を適切に行うこと。	イ　安全な社会生活について，安全に関する原則や概念に着目して危険の予測やその回避の方法を考え，それらを表現すること。	※内容には，学びに向かう力，人間性等について示されていないことから，該当科目（保健）の目標(3)を参考にする。

	知識・技能	思考・判断・表現	主体的に学習に取り組む態度
内容のまとまりごとの評価規準例	・安全な社会づくりには，環境の整備とそれに応じた個人の取組が必要であること。また，交通事故を防止するには，車両の特性の理解，安全な運転や歩行など適切な行動，自他の生命を尊重する態度，交通環境の整備が関わること。交通事故には補償をはじめとした責任が生じることを理解している。 ・適切な応急手当は，傷害や疾病の悪化を軽減できること。応急手当には，正しい手順や方法があること。また，応急手当は，傷害や疾病によって身体が時間の経過とともに損なわれていく場合があることから，速やかに行う必要があることを理解しているとともに，心肺蘇生法などの応急手当の技能を身に付けている。	・安全な社会生活について，安全に関する原則や概念に着目して危険の予測やその回避の方法を考え，それらを表現している。	・健康を大切にし，自他の健康の保持増進や回復及び健康な社会づくりについての学習に主体的に取り組もうとしている。 ※必要に応じて各教科等の評価の観点の趣旨（「主体的に学習に取り組む態度」に関わる部分）等を用いて作成する。

※　各学校においては，「内容のまとまりごとの評価規準」の考え方を踏まえて，各学校の実態を考慮し，単元や題材等の評価規準を作成する。具体的には第3編において事例を示している。

第３編

単元ごとの学習評価について

（事例）

第1章 「内容のまとまりごとの評価規準」の考え方を踏まえた評価規準の作成

1 本編事例における学習評価の進め方について

　各教科及び科目の単元における観点別学習状況の評価を実施するに当たり，まずは年間の指導と評価の計画を確認することが重要である。その上で，学習指導要領の目標や内容，「内容のまとまりごとの評価規準」の考え方等を踏まえ，以下のように進めることが考えられる。なお，複数の単元にわたって評価を行う場合など，以下の方法によらない事例もあることに留意する必要がある。

評価の進め方	留意点
1 **単元の目標を作成する**	○ 学習指導要領の目標や内容，学習指導要領解説等を踏まえて作成する。 ○ 生徒の実態，前単元までの学習状況等を踏まえて作成する。 ※ 単元の目標及び評価規準の関係性（イメージ）については下図参照 **単元の目標及び評価規準の関係性について（イメージ図）** 学習指導要領　　第1編第2章1（2）を参照 「内容のまとまりごとの評価規準」 学習指導要領解説等を参考に，各学校において授業で育成を目指す資質・能力を明確化 「内容のまとまりごとの評価規準」の考え方等を踏まえて作成 単元の目標　　第3編第1章2を参照 単元の評価規準 ※ 外国語科においてはこの限りではない。
2 **単元の評価規準を作成する**	
3 **「指導と評価の計画」を作成する**	○ 1，2を踏まえ，評価場面や評価方法等を計画する。 ○ どのような評価資料（生徒の反応やワークシート，作品など）を基に，「おおむね満足できる」状況（B）と評価するかを考えたり，「努力を要する」状況（C）への手立て等を考えたりする。
授業を行う	○ 3に沿って観点別学習状況の評価を行い，生徒の学習改善や教師の指導改善につなげる。
4 **観点ごとに総括する**	○ 集めた評価資料やそれに基づく評価結果などから，観点ごとの総括的評価（A，B，C）を行う。

2　単元の評価規準の作成のポイント

　学習評価においては，入学から卒業までのカリキュラム・マネジメントを踏まえた評価規準・評価方法の工夫・改善が重要である。実際の授業の構想に当たっては，各単元の具体的な目標や内容等を決定するとともに，「内容のまとまりごとの評価規準」を踏まえた「単元の評価規準」を作成し，指導と評価を一体として捉えた学習指導の展開が求められている。そのため，ここでは，「内容のまとまりごとの評価規準」を踏まえつつ，各科目の「単元の評価規準」の作成手順やポイント，学習評価の進め方を説明する。

　なお，高等学校では，特に，以下の点から保健体育科の目標や内容，授業づくり，観点別学習状況の評価を含めた評価の方針や方法について，教員相互の共通理解が極めて重要である。

＜保健体育科＞

　○生徒の実態に即した多様な教育活動の展開が求められている。

　○指導要録への観点別学習状況の評価を含めた記載が求められている。

＜科目体育＞

　○運動やスポーツとの多様な関わり方を重視した内容の充実への対応が求められている。

　○共通性の確保の観点から義務教育段階での学習内容の確実な定着を図ることが重視されている。

　○複数教員が複数種目等の授業を行う男女共習を原則とした選択制授業の実施が求められている。

＜科目保健＞

　○生涯を通じて自他や社会の健康課題を解決するための資質・能力の育成が求められている。

　○中学校との接続を重視し，小中高の系統性を踏まえた指導の充実が求められている。

※年次の表記について

　本参考資料では，これ以降各年次等を以下の通り統一して表記する。

　1年次　　　－－→　入学年次

　2年次　　　－－→　その次の年次

　3年次以降　－－→　それ以降の年次

　2年次以降　－－→　その次の年次以降

【科目体育】

（1）本事例における「単元」及び「単元の評価規準」の捉え方

ア　本事例における「単元」とは

　答申では「単元とは，各教科等において，一定の目標や主題を中心として組織された学習内容の有機的な一まとまりのこと」としている。

　本事例では，例えば入学年次の「体つくり運動」や「体育理論」では学期ごとに単元とする場合と複数の学期にまたがるものを単元と捉える考え方がある。また，選択制の授業において，複数の領域から選択した一つの領域の内容を単元と捉える場合も考えられる。（表1参照）

表1：年間指導計画（例）

科目	履修	学年	単位	週\月 4		5		6		7		9		10		11		12		1		2		3
体育	必修	入学年次	3	オリエンテーション／体つくり運動[5]／理論[3]／3領域選択 Ⅰ[18] 陸上競技(走種目)・器械運動(4種目から2)・ダンス(現代的なリズムのダンス) 3クラス3展開				3領域選択 Ⅱ[18] 陸上競技(跳、投)・水泳(2泳法)・ダンス(創作ダンス)選択 3クラス3展開				球技・武道選択 Ⅰ[16] 球技 ゴール型(サッカー)、ネット型(テニス)、武道(柔道) 3クラス3展開		球技・武道選択 Ⅱ[16] 球技ゴール型(バスケットボール)、ネット型(バレーボール)、武道(柔道) 陸上競技[4] 長距離走		体つくり運動[5]／理論[3] 球技・武道選択 Ⅲ[16] 球技 ゴール型(ラグビー)、ベースボール型(ソフトボール)、武道(剣道) 3クラス3展開							
		その次の年次	2	オリエンテーション／体つくり運動[3]／3領域選択 Ⅰ[14] 陸上競技(走、跳、投選択)、器械運動(2種目選択)、武道(柔道)				3領域選択 Ⅱ[14] 球技ゴール型(ハンドボール)、水泳、武道(柔道)				3領域選択 Ⅲ[24] 球技ネット型(バレーボール)、武道(剣道)、ダンス(希望ダンス)		理論[3]／陸上競技[4] 長距離走		理論[3]／選択 Ⅲ 継続		体つくり運動[4]					
		それ以降の年次	3	オリエンテーション／体つくり運動[5]／理論[3] 全領域選択(マイ・スポーツ) Ⅰ[18] 全領域から実施アンケートを行い、希望した領域を年間に配置している。(3クラス3展開) 例)球技ネット型(テニス)、陸上競技(走、跳、投から選択)、器械運動(4種目から選択)				全領域選択(マイ・スポーツ) Ⅱ[18] 例)球技ゴール型(サッカー)、水泳、ネット型(バレーボール)、武道(柔道)				体つくり運動[5]／全領域選択(マイ・スポーツ) Ⅲ[31] 希望上位3種目を配置(前期選択領域以外を選択) 例)球技ゴール型(バスケットボール、ラグビー)、ダンス(現代的なリズムのダンス)		陸上競技[6] 長距離走		理論[3]／全領域選択(マイ・スポーツ)Ⅲ継続		全領域選択 Ⅳ					
保健	必修	入学年次	1	現代社会と健康 健康の考え方[5]／現代の感染症とその予防[5]／生活習慣病などの予防と回復[5]／喫煙、飲酒、薬物乱用と健康[5]／精神疾患の予防と回復[5]												安全な社会生活 安全な社会づくり[5]／応急手当[5]							
		その次の年次	1	生涯を通じる健康 生涯の各段階における健康[8]／労働と健康[6]								健康を支える環境づくり 環境と健康[6]／食品と健康[5]／保健医療制度・機関[4]／保健活動[3]／環境づくり[3]											

イ　本事例における「単元の評価規準」の捉え方

　科目体育では指導内容を一層明確にするため，学習指導要領解説（以下「解説」という。）において，入学年次とその次の年次以降の内容のまとまりごとに，「知識及び技能」，「思考力，判断力，表現力等」，「学びに向かう力，人間性等」の指導内容の全てに例示が示されている。このことから，本事例においては，解説の例示を基に，各学校において「単元の評価規準」を作成する際の参考例を紹介する。

　なお，従前は「単元の評価規準」を基に，さらに「学習活動に即した評価規準」を作成する事例を示してきたが，本事例では，「学習活動に即した評価規準」を別途提示せず，「単元の評価規準」として表記する。

ウ　単元の捉え方と評価への活用

　単元の配当時期や学習内容の関連，学習状況をフィードバックするタイミング等を検討し，単元の規模や評価の時期について検討しておく必要がある。ここでは，表1の入学年次における4～5月及び1～2月にかけて計画されている「体つくり運動」を例に説明する。

【例1】

体つくり運動	評価①	体つくり運動	評価②

○　評価①は1学期の，評価②は3学期の観点別学習状況の評価の総括に活用し，生徒に通知表等で学習状況をフィードバックしようとした例である。

【例2】

体つくり運動 ｜ 仮評価 ｜ 体つくり運動 ｜ 評価③

○ 　１学期と３学期両方の「体つくり運動」をひとまとまりと考え，評価③を３学期の通知表等に反映させようとした例である。また，１学期については仮評価であることも含めて，１学期の通知表等に活用することが考えられる。なお，こうした評価の取扱いや手続き等については，事前に生徒及び保護者等に確実に周知しておく必要がある。

（２）各単元における「単元の評価規準」設定の手順
図１　各単元における「単元の評価規準」設定の手順

【手順１】内容のまとまりごとに指導内容を配置する〔カリキュラム・マネジメント（指導事項を重点化する）〕

【手順２】全ての「単元の評価規準」を作成する

【手順３】「単元の評価規準」を選択したり，作成したりするなどして当該単元の評価規準を設定する

【手順１】内容のまとまりごとに指導事項を配置する〔カリキュラム・マネジメント（指導事項を重点化する）〕

　単元の評価規準の設定に先立ち，各単元の指導内容について，各年次（間）の「内容のまとまり」全体の指導内容を俯瞰しつつ，当該単元の指導事項の重点化を検討する。その際，義務教育段階での学習内容の確実な定着を図ることが，科目体育で育成を目指す資質・能力を身に付ける視点からも重要であることから，入学年次においては，引き続き中学校第３学年の内容を取り上げることとなっており，解説において，入学年次とその次の年次以降の学習のねらいや内容が示されている。このため，特に入学年次の生徒の既習事項の学習状況を十分に把握した学習の展開が重要となる。こうした点も踏まえ，卒業年次までに育成する資質・能力を検討し重点化していくこととなる。

　また，「内容のまとまり」における資質・能力の三つの柱で示された指導内容が，バランスよく配置された計画（どの単元の何時間目に指導するのか）を作成しておくことが，当該単元の評価規準を設定するための前提条件となる。（P.62　事例１　図２参照）

【手順２】全ての「単元の評価規準」を作成する

入学年次及びその次の年次以降の「内容のまとまり」ごとに，解説の例示の文末を変えるなどして，全ての「単元の評価規準」を作成しておく。

▽

　以下，解説の＜例示＞の文末を変換するなどして単元の評価規準を作成する方法を，観点ごとに説明する。

【知識・技能】

	例示の文末を　　「～について，言ったり書き出したりしている」(a) 　　　　　　　　「～について，学習した具体例を挙げている」(b)　に変換するなどして作成する。 (a)　一般的に認知された科学的な知識等を内容とするもので，各学校や教師の指導によって大きな相違がないものに用いている。 (b)　学校や生徒の実態に合わせて，指導する教師により取り扱われる内容に相違が予想されるものに用いている。
知識	例）例示：課題解決の方法では，自己に応じた目標の設定，目標を達成するための課題の設定，（中略）新たな目標の設定といった過程があること。 　　　　　　　↓ 　　　評価規準：課題解決の方法では，自己に応じた目標の設定，目標を達成するための課題の設定，（中略）新たな目標の設定といった過程があることについて，**言ったり書き出したりしている。**
技能	例示の文末を　　「～ができる」に変換するなどして作成する。 例）例示：新たに学習する基本的な技の一連の動きを滑らかに安定させて回ること。 　　　　　↓ 　　　評価規準：新たに学習する基本的な技の一連の動きを滑らかに安定させて回ること**ができる。**

【思考・判断・表現】

例示の文末を　　「～している」に変換するなどして作成する。

例）例示：課題解決の過程を踏まえて，自己や仲間の新たな課題を発見すること。
　　　　↓
　　評価規準：課題解決の過程を踏まえて，自己や仲間の新たな課題を発見**している。**

【主体的に学習に取り組む態度】

例示の文末を　「～しようとしている」(a)
　　　　　　　「～を確保している」(b)　に変換するなどして作成する。

(a) 意思や意欲を育てるという情意面の例示に用いている。

(b)「健康・安全」の観点については意欲を持つことにとどまらず，実践することが求められているものであることから文末の表記を変更している。（解説 P.39 参照）

例）例示：自己の状況にかかわらず，よい演技を讃えようとすること。
　　　↓
　　評価規準：自己の状況にかかわらず，よい演技を**讃えようとしている。**

▽

図2　その次の年次以降「Ｂ　器械運動」における全ての「単元の評価規準」の例

知識・技能		思考・判断・表現	主体的に学習に取り組む態度
○知識 ・器械運動では，技の系，技群，グループの系統性の名称があり，それぞれの技には，技能の向上につながる重要な動きのポイントや安全で合理的，計画的な練習の仕方があること*について，学習した具体例を挙げている。* ・器械運動の種目によって必要な体力要素があり，その種目の技能に関連させながら体力を高めることができること*について，言ったり書き出したりしている。* ・課題解決の方法では，自己に応じた目標の設定，目標を達成するための課題の設定，課題解決のための練習法などの選択と実践，演技や発表を通した学習成果の確認，新たな目標の設定といった過程があること*について，言ったり書き出したりしている。* ・自己の能力に応じた技で組み合わせたり，異なる技群で構成したりするなどの発表に向けた演技構成の仕方があること*について，言ったり書き出したりしている。* ・発表会や競技会で，演技構成の仕方，運営の仕方や役割に応じた行動の仕方，全員が楽しむためのルール等の調整の仕方などがあること*について，学習した具体例を挙げている。*	○技能 ア　マット運動 ○接転技群 ・新たに学習する基本的な技の一連の動きを滑らかに安定させて回ること*ができる。* ・開始姿勢や終末姿勢，組合せの動きや支持の仕方などの条件を変えて回ること*ができる。* ・学習した基本的な技を発展させて，一連の動きで回ること*ができる。* ○ほん転技群 ・新たに学習する基本的な技の一連の動きを滑らかに安定させて回転すること*ができる。* ・開始姿勢や終末姿勢，支持の仕方や組合せの動きなどの条件を変えて回転することができる。 ・学習した基本的な技を発展させて，一連の動きで回転すること*ができる。* エ　跳び箱運動 ○切り返し跳びグループ ・新たに学習する基本的な技の一連の動きを滑らかに安定させて跳び越すこと*ができる。* ・着手位置，姿勢などの条件を変えて跳び越すこと*ができる。* ・学習した基本的な技を発展させて，一連の動きで跳び越すこと*ができる。* ○回転跳びグループ ・新たに学習する基本的な技の一連の動きを滑らかに安定させて跳び越すこと*ができる。* ・着手位置，姿勢などの条件を変えて跳び越すこと*ができる。* ・学習した基本的な技を発展させて，一連の動きで跳び越すこと*ができる。*	・選択した技の行い方や技の組合せ方について，自己や仲間の動きを分析して，良い点や修正点を*指摘している。* ・課題解決の過程を踏まえて，自己や仲間の新たな課題を*発見している。* ・自己や仲間の課題を解決するための練習の計画を*立てている。* ・練習や演技の場面で，自己や仲間の危険を回避するための活動の仕方を*提案している。* ・グループでの学習で，状況に応じて自己や仲間の役割を*提案している。* ・体力や技能の程度，性別等の違いを超えて，仲間とともに器械運動を楽しむための調整の仕方を*見付けている。* ・器械運動の学習成果を踏まえ，自己に適した「する，みる，支える，知る」などの運動を生涯にわたって楽しむための関わり方を*見付けている。*	・器械運動の学習に主体的に*取り組もうとしている。* ・自己の状況にかかわらず，よい演技を*讃えようとしている。* ・自己や仲間の課題に応じた練習計画を見直すなど，互いに助け合い*高め合おうとしている。* ・一人一人の違いに応じた課題や挑戦を*大切にしようとしている。* ・危険の予測をしながら回避行動とるなど，*健康・安全を確保している。*

※　解説（P.40）において，例示（「体つくり運動」は，行い方の例及び例示）は，各領域で取り上げることが効果的な指導事項の具体例を重点化して示しているが，「各領域で設定する時間数，学校や地域の実態及び生徒の特性等に応じて，「内容のまとまり」ごとに更に重点化を図る」ことが求められていることにも留意する。

【手順３】全ての「単元の評価規準」から選択したり，作成したりするなどして当該単元の評価規準を設定する。

【手順１】で作成した計画に基づき，【手順２】で作成した全ての「単元の評価規準」から選択したり，実際の授業にあわせてより具体的に作成したりするなどして当該単元の評価規準を設定する。

図3　それ以降の年次における，器械運動選択者の単元の評価規準の例

知識・技能		思考・判断・表現	主体的に学習に取り組む態度
○知識 ①器械運動では，技の系，技群，グループの系統性の名称があり，それぞれの技には，技能の向上につながる重要な動きのポイントや安全で合理的，計画的な練習の仕方があることについて，学習した具体例を挙げている。 ・器械運動の種目によって必要な体力要素があり，その種目の技能に関連させながら体力を高めることができることについて，言ったり書き出したりしている。 ・課題解決の方法では，自己に応じた目標の設定，目標を達成するための課題の設定，課題解決のための練習法などの選択と実践，演技や発表を通した学習成果の確認，新たな目標の設定といった過程があることについて，言ったり書き出したりしている。 ②自己の能力に応じた技で組み合わせたり，異なる技群で構成したりするなどの発表に向けた演技構成の仕方があることについて，言ったり書き出したりしている。 ・発表会や競技会で，演技構成の仕方，運営の仕方や役割に応じた行動の仕方，全員が楽しむためのルール等の調整の仕方などがあることについて，学習した具体例を挙げている。	○技能 ア　マット運動 ○接転技群 ①新たに学習する基本的な技の一連の動きを滑らかに安定させて回ることができる。 ②開始姿勢や終末姿勢，組合せの動きや支持の仕方などの条件を変えて回ることができる。 ③学習した基本的な技を発展させて，一連の動きで回ることができる。 ○ほん転技群 ①新たに学習する基本的な技の一連の動きを滑らかに安定させて回転することができる。 ②開始姿勢や終末姿勢，支持の仕方や組合せの動きなどの条件を変えて回転することができる。 ③学習した基本的な技を発展させて，一連の動きで回転することができる。 エ　跳び箱運動 ○切り返し跳びグループ ①新たに学習する基本的な技の一連の動きを滑らかに安定させて跳び越すことができる。 ②着手位置，姿勢などの条件を変えて跳び越すことができる。 ③学習した基本的な技を発展させて，一連の動きで跳び越すことができる。 ○回転跳びグループ ①新たに学習する基本的な技の一連の動きを滑らかに安定させて跳び越すことができる。 ②着手位置，姿勢などの条件を変えて跳び越すことができる。 ③学習した基本的な技を発展させて，一連の動きで跳び越すことができる。	・選択した技の行い方や技の組合せ方について，自己や仲間の動きを分析して，良い点や修正点を指摘している。 ・課題解決の過程を踏まえて，自己や仲間の新たな課題を発見している。 ・自己や仲間の課題を解決するための練習の計画を立てている。 ①練習や演技の場面で，自己や仲間の危険を回避するための活動の仕方を提案している。 ②グループでの学習で，状況に応じて自己や仲間の役割を提案している。 ③体力や技能の程度，性別等の違いを超えて，仲間とともに器械運動を楽しむための調整の仕方を見付けている。 ④器械運動の学習成果を踏まえ，自己に適した「する，みる，支える，知る」などの運動を生涯にわたって楽しむための関わり方を見付けている。	①器械運動の学習に主体的に取り組もうとしている。 ・自己の状況にかかわらず，よい演技を讃えようとしている。 ②自己や仲間の課題に応じた練習計画を見直すなど，互いに助け合い高め合おうとしている。 ③一人一人の違いに応じた課題や挑戦を大切にしようとしている。 ・危険の予測をしながら回避行動をとるなど，健康・安全を確保している。

※図中の○囲み数字は，当該単元の評価規準を示す。

（3）指導と評価の一体化を目指して

ア　指導内容や指導方法と関連付けた評価の進め方

　　学習の成果を的確に捉え，教師が指導の改善を図るとともに，生徒自身が自らの学びを振り返って次の学びに向かうことができるようにするためには，評価のみを単独で捉えるのではなく，「何を教えるのか」「どのように教えるのか」といった，指導する内容や指導方法等と関連付けて評価の進め方を検討することが大切である。

　　また，学習評価が，「生徒の学習改善につながるもの」として活用されることが極めて重要であり，観点別学習状況の評価の役割が一層重視されている。そのため，育成を目指す資質・能力毎に，評価情報を，どのような方法で，どのタイミングで生徒にフィードバックしていくことが効果的であるかを考慮して，指導と評価の計画をデザインすることが重要である。

イ　効果的に観点別学習状況の評価を進める上での観点ごとの留意点

　　指導と評価を一体的に進めるに当たっては，指導を充実させた上で評価を行うことが重要で

あることから，解説に示された指導内容ごとの留意事項等について十分に配慮した授業づくりが求められる。

【知識及び技能】

○ 知 識	☑ 体の動かし方や用具の操作方法などの具体的な知識と，運動の実践や生涯スポーツにつながる概念や法則などの汎用的な知識で示している。具体的な知識と汎用的な知識との往還や，運動に関する領域と体育理論等の関連を図るなどのことにより，各領域の特性や魅力，運動やスポーツの価値等を理解することにつなげることができるようにする。
○ 技 能	☑「内容のまとまり」ごとに，例示等を参考にして，運動種目等の固有の技能や動き等を身に付けさせることが具体的なねらいとなる。その際，各領域及び運動種目等における技能や攻防の様相，動きの様相との関連を図り，各領域の特性や魅力に応じた楽しさや喜びを深く味わうことができるようにする。

【思考力，判断力，表現力等】

☑ 各領域に共通して，生涯にわたって運動を豊かに継続することを見据え，「する，みる，支える，知る」の視点から自己や仲間の課題を発見し，合理的，計画的に解決したり，新たな課題の発見につなげたりすることができるようにすることを示している。その際，知識を活用したり，応用したりして，思考し判断したことを，根拠を示したり他者に配慮したりしながら，言葉や動作などで即座に表したり，図や文章及び映像等を用いて筋道を立てて伝えたりすることができるようにする。

☑ 科目体育で示す「表現力」とは，運動の技能に関わる身体表現や表現運動系及びダンス領域における表現とは異なり，思考し判断したことを他者に言葉や文章及び動作などで表現することであることに留意する。

☑ 多くの運動の中から，自分に適した領域を選択し，卒業後も運動やスポーツに多様な形で関わることができるようにするため，各領域で学習した内容を他の運動にも適用することが求められている点に留意する。

☑ 解説の例示は，「体の動かし方や運動の行い方に関する思考力，判断力，表現力等」，「体力や健康・安全に関する思考力，判断力，表現力等」，「運動実践につながる態度に関する思考力，判断力，表現力等」，「生涯スポーツの設計に関する思考力，判断力，表現力等」の中から，各領域で取り上げることが効果的な指導事項の具体例が重点化して示されている点に留意する。

【学びに向かう力，人間性等】

☑ 解説の例示に，「学びに向かう力，人間性等」の具体的な指導事項を示している。愛好的態度及び健康・安全は各領域において共通の指導事項としている。また，各領域で取り上げることが効果的かつ具体的な指導事項として，公正（伝統的な行動の仕方），協力，責任，参画，共生が，重点化して示されていることに留意する。

☑ 生徒自身の自主性，主体性を促し，生涯にわたる豊かなスポーツライフを継続していく資質・能力の育成を図るため，例えば，協力の場面や行動の仕方の例などの具体的な知識と，なぜ協力するのかといった協力することの意義などの汎用的な知識を関連させて指導する

ことが求められている点に留意する。

☑科目体育においては，豊かなスポーツライフを継続することを重視し，従前より学習指導要領に「態度」を内容として示している。また，「児童生徒の学習評価の在り方について（報告）」において，各教科等の目標や内容に対応した学習評価が行われることとされており，各教科等によって，評価の対象に特性があることに留意する。

こうした，育成を目指す三つの資質・能力に係る全ての学習に「粘り強く取り組むこと」及び「自らの学習を調整しようとすること」を通して，運動への愛好的態度が涵養されると考えられる。

ウ　各観点の指導場面と評価機会の関係

「主体的・対話的で深い学び」の視点で授業改善を進めるに当たり，単元等のまとまりを見通した学びの重要性や，指導内容のつながりと評価の場面設定との関係などについて十分検討する必要がある。科目体育の観点別学習状況の評価において，指導場面と評価機会の関係については，本事例では基本的に次のように捉えている。

○「知識・技能」の観点の「技能」及び「主体的に学習に取り組む態度」の二つの観点における評価は，技能の獲得，向上や態度の育成等に一定の学習期間が必要となること，主に観察評価によって評価を行うことから，本事例では，指導後に一定の学習期間及び評価期間を設ける工夫をしている。

○「知識・技能」の観点の「知識」及び「思考・判断・表現」の二つの観点における評価は，主に学習ノート等に記述された内容から評価の材料を得ようとしていることから，本事例では，指導から期間を置かず評価をしている。さらに，生徒の発言等の観察評価によって得られた評価の材料を加味して評価の妥当性，信頼性等を高める工夫をしている。

エ　評価結果の学習や指導の改善への活用

各学校では，生徒の学習状況を評価し，その結果を生徒自身による学習改善や教師による指導の改善，さらに，教育課程の編成等に生かし，学校全体として組織的かつ計画的に教育活動の質の向上を図ることが重要である。

学習評価の結果については，生徒の「主体的・対話的で深い学び」の実現に向けた授業改善に生かし，学習の過程や指導法を改善するとともに，評価の場面や方法の改善を検討するといった，学習指導の改善と評価の改善の両輪へ活用することが求められている。

具体的には，卒業年次までを見通した年間指導計画の再検討，指導事項の精選，適切な単元の構成による時間数の配当，三つの資質・能力のバランスのよい育成とそれを可能とする授業づくり，さらに適切な評価機会の設定や評価方法の検討，評価結果のフィードバックの内容等多岐にわたる視点が考えられる。教科の担当教師間や学校全体で，改善に向けた材料として効果的に活用されることが期待されている。

各学校においては観点別学習状況の評価の観点ごとの総括及び評定への総括の考え方や方法，評価規準や具体的な評価方法等について，事前に教師間で検討するなどして明確にすること，評価に関する実践事例を蓄積し共有していくこと，評価結果についての検討を通じて評価に係る

教師の力量の向上を図ることなどに，学校として組織的かつ計画的に取り組み，評価の妥当性を高める工夫が求められている。

　また，学校が生徒や保護者に，評価に関する手順や方法について事前に説明したり，評価結果について丁寧に説明したりするなどして，評価に関する情報をより積極的に提供することが信頼性の向上の観点から重要である。

【科目保健】

> 　本事例では，「内容のまとまりごとの評価規準」を基に，解説の表記などを用いて学習活動レベルに対応した「単元の評価規準」を作成する。これは，これまでの「学習活動に即した評価規準」と同じ性質をもつものといえる。そのため，本事例では，「学習活動に即した評価規準」は別途提示しないこととした。

（1）「単元の評価規準」の作成の考え方
ア　本事例における「単元」の考え方

　答申では「単元とは，各教科等において，一定の目標や主題を中心として組織された学習内容の有機的な一まとまりのこと」としている。

　科目保健では，内容のまとまりをそのまま「単元」として捉える場合と，内容のまとまりをいくつかの「単元」に分けて単元設定する場合が想定される。

【高等学校科目保健の単元設定例】

内容のまとまり	単元例	学年*1	時数*2
(1) 現代社会と健康	(ア)健康の考え方	入学年次	4
	(イ)現代の感染症とその予防	入学年次	5
	(ウ)生活習慣病などの予防と回復	入学年次	4
	(エ)喫煙，飲酒，薬物乱用と健康	入学年次	7
	(オ)精神疾患の予防と回復	入学年次	4
(2) 安全な社会生活	(ア)安全な社会づくり	入学年次	5
	(イ)応急手当	入学年次	6
(3) 生涯を通じる健康	(ア)生涯の各段階における健康	その次の年次	7
	(イ)労働と健康	その次の年次	4
(4) 健康を支える環境づくり	(ア)環境と健康	その次の年次	5
	(イ)食品と健康	その次の年次	5
	(ウ)保健・医療制度及び地域の保健・医療機関	その次の年次	6
	(エ)様々な保健活動や社会的対策	その次の年次	3
	(オ)健康に関する環境づくりと社会参加	その次の年次	5

*1 保健の履修学年については原則として入学年次及びその次の年次の2か年にわたり履修させることとなっている。単元設定および履修学年は各学校において検討の上決定することとなる。

*2 単元の配当時数については，生徒の実態等を考慮し，各学校において決定する。ここでは，標準単位数が2であることを踏まえ，年間35時間で示した。

イ 「内容のまとまりごとの評価規準」，「単元の評価規準」，の関係性を確認する。

　このため，本事例においては基本的にこれらの例示をもとに評価規準を作成し，各学校において作成する「単元の評価規準」等の参考例を紹介していくこととした。

　学習指導要領と「内容のまとまりごとの評価規準」，解説と「単元の評価規準」との関係性については，次に示したとおりとなる。

科目保健

学習指導要領「2　内容」		**内容のまとまりごとの評価規準** 学習指導要領に示す目標及び内容「2　内容」の項目等をそのまとまりごとに細分化したり整理したりして示したもの 　◆学習指導要領の「2　内容」の文末を変えて作成

単元の評価規準

解説「例示」等		内容のまとまりごとの評価規準をもとに児童の実態等を考慮して設定したもの 　◆学習指導要領解説の目標及び内容，改善等通知の「観点の趣旨」などを踏まえて作成

ウ 「単元の評価規準」を作成する際のポイント

　単元の評価規準は，生徒の実態等を考慮しつつ，内容のまとまりごとの評価規準をもとに作成する。本事例では，文末を以下のとおりに変えることで評価規準を作成している。

○「知識・技能」のポイント

　学習指導要領解説における「2　内容」の記載を基に評価規準を作成する。その際，保健の技能はその行い方についての知識の習得と併せて指導することが大切であるため，原則や概念に関する知識に加えて，該当する技能についての行い方に関する知識も評価規準に加筆することも考えられる。

・「知識」については，解説の「〜理解している」と記載してある部分の文末を「〜について，理解したことを言ったり書いたりしている」として，評価規準を作成する。

・「技能」については，解説の「〜できるようにする」と記載してある部分の文末を「〜について，理解したことを言ったり書いたりしているとともに，（〜が）できる」として，評価規準を作成する。

○「思考・判断・表現」のポイント
学習指導要領解説における「2　内容」の「思考力，判断力，表現力等」に関する記載を基に評価規準を作成する。その際，〔例示〕に記載された内容を踏まえるとともに，実際の学習活動に合わせ，文末を「〜している」として作成する。
○「主体的に学習に取り組む態度」のポイント
改善等通知における「主体的に学習に取り組む態度」の「評価の観点及びその趣旨」に示された内容等を踏まえ，文末を「〜しようとしている」として，評価規準を作成する。

エ　「内容のまとまりごとの評価規準（例）」及び「単元の評価規準（例）」

　以下に，「生涯を通じる健康」の「内容のまとまりごとの評価規準（例）」及び「単元の評価規準」を示す。

【内容のまとまりごとの評価規準】（生涯を通じる健康）

知識・技能	思考・判断・表現	主体的に学習に取り組む態度
・生涯を通じる健康の保持増進や回復には，生涯の各段階の健康課題に応じた自己の健康管理及び環境づくりが関わっていることを理解している。 ・労働災害の防止には，労働環境の変化に起因する傷害や職業病などを踏まえた適切な健康管理及び安全管理をする必要があることを理解している。	・生涯を通じる健康に関する情報から課題を発見し，健康に関する原則や概念に着目して解決の方法を思考し判断しているとともに，それらを表現している。	・生涯を通じる健康についての学習に主体的に取り組もうとしている。

【単元の評価規準】（生涯の各段階における健康）

知識・技能	思考・判断・表現	主体的に学習に取り組む態度
①　思春期における心身の発達や性的成熟に伴う身体面，心理面，行動面などの変化に関わり，健康課題が生じることがあること，これらの変化に対応して，自分の行動への責任感や異性を理解したり尊重したりする態度が必要であること，及び性に関する情報等への適切な対処が必要であることについて，理解したことを言ったり書いたりしている。	①　生涯を通じる健康における事象や情報などについて，健康に関わる原則や概念を基に整理したり，個人及び社会生活と関連付けたりして，自他や社会の課題を発見している。	①　思春期と健康，結婚生活と健康，加齢と健康について，課題の解決に向けた学習に主体的に取り組もうとしている。

② 結婚生活について，受精，妊娠，出産とそれに伴う健康課題，健康課題には年齢や生活習慣などが関わること，家族計画の意義や人工妊娠中絶の心身への影響，結婚生活を健康に過ごすには，様々な保健・医療サービスの活用が必要であることについて，理解したことを言ったり書いたりしている。 ③ 中高年期を健やかに過ごすためには，若いときから，健康診断の定期的な受診などの自己管理を行うこと，生きがいをもつこと，運動やスポーツに取り組むこと，家族や友人などとの良好な関係を保つこと，地域における交流をもつことなどが関係すること，また，高齢期には，加齢に伴い，心身の機能や形態が変化すること，その変化には個人差があること，疾病や事故のリスクが高まること，健康の回復が長期化する傾向にあること，さらに，高齢社会では，保健・医療・福祉の連携と総合的な対策が必要であることについて，理解したことを言ったり書いたりしている。	② 生涯の各段階における健康について，自他や社会の課題の解決方法と，それを選択した理由などを話し合ったり，ノートなどに記述したりして，筋道を立てて説明している。

【単元の評価規準】（労働と健康）

知識・技能	思考・判断・表現	主体的に学習に取り組む態度
① 労働災害は，作業形態や作業環境の変化に伴い質や量が変化してきたこと，労働災害を防止するには，過重労働の防止を含む健康管理と安全管理が必要であることについて，理解したことを言ったり書いたりしている。 ② 働く人の健康の保持増進は，職場の健康管理や安全管理とともに，心身両面にわたる総合的，積極的な対策の推進が図られることで成り立つこと，働く人の日常生活においては，生活の質の向上を図ることなどで健康の保持増進を図っていくことが重要であることについて，理解したことを言ったり書いたりしている。	① 労働災害と健康について，健康管理や安全管理に関わる取組を整理し，個人生活や社会生活と関連付けて，自他や社会の課題を発見している。 ② 労働災害と健康について，習得した知識を基に労働災害の防止に向けて，個人の取組と社会的対策を整理しているとともに，筋道を立てて説明している。	① 労働災害と健康，働く人の健康の保持増進について，課題の解決に向けた学習に主体的に取り組もうとしている。

第2章　学習評価に関する事例について

1　事例の特徴

　第1編第1章2（4）で述べた学習評価の改善の基本的な方向性を踏まえつつ，平成30年に改訂された高等学校学習指導要領の趣旨・内容の徹底に資する評価の事例を示すことができるよう，本参考資料における事例は，原則として以下のような方針を踏まえたものとしている。

○　単元に応じた評価規準の設定から評価の総括までとともに，生徒の学習改善及び教師の指導改善までの一連の流れを示している

　本参考資料で提示する事例は，単元の評価規準の設定から評価の総括までとともに，評価結果を生徒の学習改善や教師の指導改善に生かすまでの一連の学習評価の流れを念頭においたものである。なお，観点別の学習状況の評価については，「おおむね満足できる」状況，「十分満足できる」状況，「努力を要する」状況と判断した生徒の具体的な状況の例などを示している。「十分満足できる」状況という評価になるのは，生徒が実現している学習の状況が質的な高まりや深まりをもっていると判断されるときである。

○　観点別の学習状況について評価する時期や場面の精選について示している

　報告や改善等通知では，学習評価については，日々の授業の中で生徒の学習状況を適宜把握して指導の改善に生かすことに重点を置くことが重要であり，観点別の学習状況についての評価は，毎回の授業ではなく原則として単元や題材など内容や時間のまとまりごとに，それぞれの実現状況を把握できる段階で行うなど，その場面を精選することが重要であることが示された。このため，観点別の学習状況について評価する時期や場面の精選について，「指導と評価の計画」の中で，具体的に示している。

○　評価方法の工夫を示している

　生徒の反応やノート，ワークシート，作品等の評価資料をどのように活用したかなど，評価方法の多様な工夫について示している。

2　各事例概要一覧と事例

事例1　キーワード　科目体育　指導と評価の計画から評価の総括まで

「器械運動」（それ以降の年次）

　本事例では，高等学校（それ以降の年次）において求められる男女共習による選択制授業における，「単元の評価規準」の作成及び指導と評価の計画の作成について手順を示すとともに，観点別学習状況の評価の総括及び評定への総括について考え方を示している。

事例2　キーワード　科目体育　「知識・技能」の評価

「武道（剣道）」（入学年次）

　本事例では，「知識及び技能」について生徒自身が各自の学びを改善することができるよう，学習カード等を活用した，指導と評価の工夫例を示すとともに，こうした工夫から得た評価材料を基に，学習状況の判断の仕方や「知識・技能」の観点別学習状況の評価の総括について考え方を示している。

事例3　キーワード　科目体育　「思考・判断・表現」の評価

「体つくり運動」（それ以降の年次）

　本事例では，体つくり運動における「思考・判断・表現」の観点別学習状況の評価について，カリキュラム・マネジメントの視点からの指導の充実を踏まえた，ICTを活用した効果的な評価情報の収集の工夫や実現状況の判断の目安などの考え方を示している。

事例4　キーワード　科目体育　「主体的に学習に取り組む態度」の評価

「球技」（その次の年次）

　本事例では，「主体的に学習に取り組む態度」における「一人一人の違いに応じたプレイなどを大切にしようとすること」（共生）を取り上げ，指導と評価の一体化の実現に向けた指導の充実や評価情報の収集と評価結果のフィードバックの方法の工夫などについて考え方を示している。

事例5　「〔科目〕の評価規準」を作成する際の手順（専門学科　体育）

　　　　キーワード　専門学科体育　「スポーツの推進及び発展に必要な技能の指導と評価」

科目「スポーツ総合演習」（その次の年次）

　本事例では，専門学科体育における観点別学習状況の評価について，科目「スポーツ総合演習」を取り上げ，「〔科目〕の評価規準」を踏まえた，単元の評価規準や指導と評価の計画の作成，評価情報の収集の工夫など学習評価の進め方について考え方を示している。

事例6　キーワード　科目保健　指導と評価の計画から評価の総括まで
「環境と健康」（その次の年次）

　本事例では，科目保健における指導と評価の全体像を解説する。「単元の評価規準」及び「指導と評価の計画」の作成について手順を示すとともに，観点別学習状況の評価の総括についての考えを示している。

事例7　キーワード　科目保健　「知識・技能」の評価
「応急手当」（入学年次）

　本事例では，新学習指導要領に新たに位置付けられた「知識及び技能」の内容を踏まえ，保健の「技能」に関する考え方を示した上で，「知識」と「技能」の内容をどのように関連付けて指導と評価を行うのかの具体例を示している。生徒自身が各自の学びを改善することができるよう，ワークシートやＩＣＴ等を活用し指導と評価を工夫している。

事例8　キーワード　科目保健　「思考・判断・表現」の評価
「労働と健康」（その次の年次）

　本事例では，「思考・判断・表現」の評価について，習得した知識を活用し，労働災害と健康や働く人の健康の保持増進について考える際の，効果的な評価情報の収集の工夫や評価の判断の目安などについて具体例を示している。

事例9　キーワード　科目保健　「主体的に学習に取り組む態度」の評価
「生活習慣病などの予防と回復」（入学年次）

　資質・能力の三つの柱の一つである「学びに向かう力，人間性等」は，「主体的に学習に取り組む態度」として観点別評価を通じて見取ることができる部分と，観点別学習状況や評定にはなじまず，個人内評価を通じて見取る部分があることに留意する必要がある。保健にはこの観点について内容の記載がないため，本事例では解説等に基づき評価規準を設定し，ワークシートの活用や授業時の観察により「主体的に学習に取り組む態度」の評価を進める際の具体例を示している。

＊科目保健の履修学年については原則として入学年次及びその次の年次の2か年にわたり履修させることとなっている。本事例6〜9では仮の年次を位置付けているが，各学校において検討の上決定することとなる。

保健体育科（科目体育）　　　事例1
キーワード　指導と評価の計画から評価の総括まで

単元名	内容のまとまり
全領域選択Ⅰ（生徒アンケートにより種目設定） 【器械運動（4種目から選択），陸上競技（走，跳，投から選択）， 球技ネット型（テニス）】の中の器械運動 それ以降の年次	その次の年次以降 「B　器械運動」

　本事例は，高等学校のそれ以降の年次において求められる男女共習による選択制授業における指導と評価の計画の作成から評価の総括までを取り上げる。

1　本事例における学習評価の進め方

　本事例では，学校教育目標及び保健体育科における学習指導要領に示された内容の取扱いを踏まえて，3年間を見通して育成を目指す資質・能力等を考慮し作成された年間指導計画から単元の指導と評価の計画を検討している。

　高等学校解説においては，入学年次とその次の年次以降で内容のまとまりが示されており，本事例のその次の年次以降においては，同じ内容のまとまりを複数回取り上げることとなるため，各単元において取り上げる指導事項を重点化し，その上で指導の充実を図るための指導と評価の計画を立て，計画的に評価を行う例を示している。また，各観点別学習状況の評価結果から，評定へ総括する際の留意事項について示している。

※　本事例における単元の評価規準の作成及び指導と評価の計画の作成の手順と授業設計の考え方

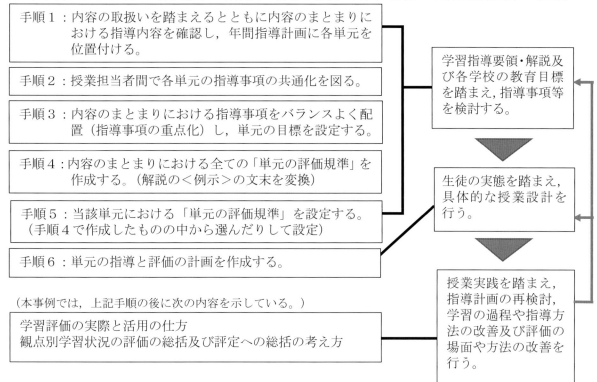

手順1：内容の取扱いを踏まえるとともに内容のまとまりにおける指導内容を確認し，年間指導計画に各単元を位置付ける。

手順2：授業担当者間で各単元の指導事項の共通化を図る。

手順3：内容のまとまりにおける指導事項をバランスよく配置（指導事項の重点化）し，単元の目標を設定する。

手順4：内容のまとまりにおける全ての「単元の評価規準」を作成する。（解説の＜例示＞の文末を変換）

手順5：当該単元における「単元の評価規準」を設定する。（手順4で作成したものの中から選んだりして設定）

手順6：単元の指導と評価の計画を作成する。

（本事例では，上記手順の後に次の内容を示している。）

学習評価の実際と活用の仕方
観点別学習状況の評価の総括及び評定への総括の考え方

学習指導要領・解説及び各学校の教育目標を踏まえ，指導事項等を検討する。

生徒の実態を踏まえ，具体的な授業設計を行う。

授業実践を踏まえ，指導計画の再検討，学習の過程や指導方法の改善及び評価の場面や方法の改善を行う。

以下，それぞれの手順について説明する。

手順1　**内容の取扱いを踏まえるとともに内容のまとまりにおける指導内容を確認し，年間指導計画に各単元を位置付ける。**

（1）内容のまとまりにおける指導内容の確認

学習指導要領「2　内容」から各領域における指導内容を確認する。（表2）

（2）年間指導計画を作成する上での留意点

ア　入学年次では，義務教育段階との接続を重視し，教師の積極的な働きかけを通して中学校第3学年からの指導内容の確実な定着を図る段階である。A高等学校では，入学年次において中学校段階で実施した運動種目に関するアンケートを行い，指導事項の配置や指導と評価の計画の作成に活用している。

イ　その次の年次以降では，生涯にわたる豊かなスポーツライフを継続する資質・能力の育成に本格的に取り組む段階である。

　　○　その次の年次では，選択できる領域を広げ，更に追求したい領域，課題を克服したい領域等の学習にじっくり取り組むことができるよう指導計画を工夫している。

　　○　それ以降の年次では，選択した領域の学習に主体的に取り組むことができるよう，選択できる領域を可能な範囲で拡大し，生徒個々の意思を大切にした領域選択が実現できる指導計画の工夫をしている。

　　これにより，一つの運動について楽しさや喜びを深く味わう経験を通して，卒業後の実社会で汎用的に活用できる資質・能力の育成を図り，豊かなスポーツライフにつなげることができるよう工夫している。

ウ　学習指導要領の内容の取扱いにおいて，「その次の年次以降においては「B器械運動」から「Gダンス」までの中から二つ以上を選択して履修できるようにすること」としていることを踏まえ，生徒の実態やアンケート結果等を考慮し，安全を十分に確保した上で，3領域から選択する単元や全領域から選択する単元を構成し，年間指導計画に位置付けている。

（3）A高等学校における年間指導計画と本事例で取り上げる単元について

本事例では，A高等学校における年間指導計画の例（表1）におけるそれ以降の年次の「全領域選択Ⅰ」の中から，器械運動（4種目から生徒が選択）を取り上げる。

表1　A高等学校における年間指導計画の例

手順 2 授業担当者間で各単元の指導事項の共通化を図る。

　高等学校においては，生徒自身が選択できるようにすることが原則であることから，選択した領域や領域の内容によって評価の格差が生じないよう，並行して実践される領域や領域の内容間での指導事項等について，教師間で事前に検討し，共通理解を図ることが大切である。本事例では，各単元における指導事項について事前の調整を図っている（図1）。

図1　選択制授業における指導事項の共通化を図る例

	指導事項	3領域選択I（その次の年次） 器械運動選択	陸上競技選択	武道選択	全領域選択I（それ以降の年次） 器械運動選択	陸上競技選択	球技選択	主な評価方法
知識	1.技の名称や行い方	●	●	●	●	●	●	学習カード
	2.伝統的な考え方	／	／	／	／	／	／	
	3.体力の高め方	●	●	●				
	4.課題解決の方法	●	●	●				
	5.発表（競技会、試合）の仕方				●	●	●	
	指導事項の数	**3**	**3**	**3**	**2**	**2**	**2**	
技能	略							観察
思考力,判断力,表現力等	1.良い点や修正点を指摘する	●	●	●				学習カード
	2.自己や仲間の新たな課題を発見する	●	●	●				
	3.課題解決のための計画を立てる	●	●	●				
	4.危険を回避するための活動の仕方を提案する				●	●	●	
	5.役割を提案する		／	／	●	／		
	6.活動を振り返り、よりよいルールやマナー（所作）を提案する	／			／	●	●	
	7.合意を形成するための調整の仕方を見付ける	／	／	／	／	／		
	8.楽しむための調整の仕方を見付ける				●	●	●	
	9.生涯にわたって楽しむための関わり方を見付ける				●	●	●	
	指導事項の数	**3**	**3**	**3**	**4**	**4**	**4**	
学びに向かう力,人間性等	1.主体的に取り組もうとする	※	※	※	●	●	●	観察（学習カード）
	2.ルールやマナーなどを大切にしようとする	／		／	／	●	●	
	3.伝統的な行動の仕方を大切にしようとする	／	／	／	／	／	／	
	4.良い演技を讃えようとする	●	／	／				
	5.互いに助け合い高め合おうとする		／	／	●			
	6.自己の責任を果たそうとする	／	●	●	／	／		
	7.合意形成に貢献しようとする	／	／	／	／	／		
	8.一人一人の違いに応じた課題や挑戦及び修正などを大切にしようとする				●	●	●	
	9.健康・安全を確保する	●	●	●	※	※	※	
	指導事項の数	**2**	**2**	**2**	**3**	**3**	**3**	

●:指導事項　　※:評価対象とせず指導する事項　　／:例示に示されていない事項

手順 3 内容のまとまりにおける指導事項をバランスよく配置（指導事項の重点化）し，単元の目標を設定する。

（1）内容のまとまりにおける指導事項をバランスよく配置

　年間指導計画（表1）から，それ以降の年次における器械運動の指導事項の重点化を計画する。これは，内容のまとまりごとの指導をより効果的・効率的に行うために，器械運動領域においてその次の年次及びそれ以降の年次で指導すべき内容を整理し，指導内容を系統的かつ偏りなく配置するために重要な手続きとなる。本事例では，その次の年次で14時間，それ以降の年次で18時間を配当している（図2）。

図2　その次の年次及びそれ以降の年次の「B 器械運動」における2年間を見通した指導事項の配置の例

指導事項			その次の年次　3領域選択Ⅰ 器械運動選択														それ以降の年次　全領域選択Ⅰ 器械運動選択																	
---	---	---	1	2	3	4	5	6	7	8	9	10	11	12	13	14	1	2	3	4	5	6	7	8	9	10	11	12	13	14	15	16	17	18
知識		1.技の名称や行い方			○	○	●															○	○	○	●										
		2.体力の高め方	●																																
		3.課題解決の方法						●														※													
		4.発表の仕方																															●		
技能 マット運動	○接転技群	1.基本的な技を滑らかに安定させて回る			△	△	●											△	△																
		2.条件を変えて回る																							△		△								
		3.発展させて一連の動きで回る																								△		△							
	○ほん転技群	1.基本的な技を滑らかに安定させて回転する																△	△																
		2.条件を変えて回転する																							△		△								
		3.発展させて一連の動きで回転する																								△		△							
	○平均立ち技群	1.基本的な技を滑らかに安定させて回転する																△	△																
		2.条件を変えて回転する																							△		△								
		3.発展させて一連の動きで回転する																								△		△							
鉄棒運動		略																																	
平均台運動		略																																	
技能 跳び箱運動	○切り返し跳びグループ	1.基本的な技を滑らかに安定させて飛び越す			△	△	●											△	△																
		2.条件を変えて飛び越す																							△		△								
		3.発展させて一連の動きで飛び越す																								△		△							
	○回転跳びグループ	1.基本的な技を滑らかに安定させて飛び越す																△	△																
		2.条件を変えて飛び越す																							△		△								
		3.発展させて一連の動きで飛び越す																								△		△							
思考力,判断力,表現力等		1.技の行い方や組合わせ方の良い点や修正点を指摘する				●																※													
		2.自己や仲間の新たな課題を発見する						●																※											
		3.課題解決のための計画を立てる					●																		※										
		4.危険を回避するための活動の仕方を提案する																								●									
		5.役割を提案する																												●						
		6.違いを超えて楽しむための調整の仕方を見付ける																										●							
		7.生涯にわたって楽しむための関わり方を見付ける																													●				
学びに向かう力,人間性等		1.主体的に取り組もうとする	※														●																		
		2.良い演技を讃えようとする							●																										
		3.互いに高め合い助け合おうとする																										●							
		4.一人一人の違いに応じた課題や挑戦及び修正などを大切にしようとする																											●						
		5.健康・安全を確保する		●																		※													

●：重点指導機会　　△：選択指導機会　　○：複数回での指導機会　　※：評価対象とせず指導する機会

・複数回での指導機会（○印）…例えば，複数の技を指導する場合，「技の名称や行い方」の知識についてそれぞれの時間において指導するもの。

・選択指導機会（△印）…例えば，技能について2種目選択する場合や，基本的な技・発展技などを選択して指導するもの。

・評価対象とせず指導のみする機会（※印）…同一領域内で，同じ内容のまとまりの中で既に指導し評価している内容について再度指導するものなど。

（2）単元の目標の設定

　それ以降の年次における器械運動の指導事項の重点化を踏まえ，単元の目標を設定する。

表2　単元の目標の例

> (1) 次の運動について，技がよりよくできたり自己や仲間の課題を解決したりするなどの多様な楽しさや喜びを味わい，技の名称や行い方，（体力の高め方），（課題解決の方法），発表の仕方(など)を理解するとともに，自己に適した技で演技することができるようにする。
> 　ア　マット運動では，回転系や巧技系の基本的な技を滑らかに安定して行うこと，条件を変えた技や発展技を行うこと及びそれらを構成し演技することができるようにする。
> 　イ　鉄棒運動では，支持系や懸垂系の基本的な技を滑らかに安定して行うこと，条件を変えた技や発展技を行うこと及びそれらを構成し演技することができるようにする。
> 　ウ　平均台運動では，体操系やバランス系の基本的な技を滑らかに安定して行うこと，条件を変えた技や発展技を行うこと及びそれらを構成し演技することができるようにする。
> 　エ　跳び箱運動では，切り返し系や回転の基本的な技を滑らかに安定して行うこと，条件を変えた技や発展技を行うことができるようにする。
> (2) 生涯にわたって運動を豊かに継続するための自己や仲間の課題を発見し，合理的，計画的な解決に向けて取り組み方を工夫するとともに，自己や仲間の考えたことを他者に伝えることができるようにする。
> (3) 器械運動に主体的に取り組むとともに，（よい演技を讃えようとすること），互いに助け合い高め合おうとすること，一人一人の違いに応じた課題や挑戦を大切にしようとすること（など）や，（健康・安全を確保すること）ができるようにする。

※本事例では，学習指導要領「2　内容」を踏まえ，その次の年次以降の目標を全て記載した上で，その次の年次で指導し評価する部分については，（ ）をつけて単元の目標を示している。

手順 4 内容のまとまりにおける全ての「単元の評価規準」を作成する。

　高等学校学習指導要領においては，その次の年次以降の内容が示されているが，解説では入学年次とその次の年次以降の学習のねらいや具体的な指導事項が示されている。それらを手がかりに，第3編（P.47参照）で示された文末表現の考え方に基づき，「知識及び技能」「思考力，判断力，表現力等」「学びに向かう力，人間性等」の解説の例示の表記をもとに，全ての「単元の評価規準」の一覧を作成する（図3参照）。

図3　その次の年次以降「器械運動」の全ての「単元の評価規準」

知識・技能		思考・判断・表現	主体的に学習に取り組む態度
○知識 ①器械運動では，技の系，技群，グループの系統性の名称があり，それぞれの技には，技能の向上につながる重要な動きのポイントや安全で合理的，計画的な練習の仕方があることについて，学習した具体例を挙げている。 ・器械運動の種目によって必要な体力要素があり，その種目の技能に関連させながら体力を高めることができることについて，言ったり書き出したりしている。 ・課題解決の方法では，自己に応じた目標の設定，目標を達成するための課題の設定，課題解決のための練習法などの選択と実践，演技や発表を通した学習成果の確認，新たな目標の設定といった過程があることについて，言ったり書き出したりしている。 ②自己の能力に応じた技で組み合わせたり，異なる技群で構成したりするなどの発表に向けた演技構成の仕方があることについて，言ったり書き出したりしている。 ・発表会や競技会で，演技構成の仕方，運営の仕方や役割に応じた行動の仕方，全員が楽しむためのルール等の調整の仕方などがあることについて，学習した具体例を挙げている。	○技能 ア　マット運動 ○接転技群 ①新たに学習する基本的な技の一連の動きを滑らかに安定させて回ることができる。 ②開始姿勢や終末姿勢，組合せの動きや支持の仕方などの条件を変えて回ることができる。 ③学習した基本的な技を発展させて，一連の動きで回ることができる。 ○ほん転技群 ①新たに学習する基本的な技の一連の動きを滑らかに安定させて回転することができる。 ②開始姿勢や終末姿勢，支持の仕方や組合せの動きなどの条件を変えて回転することができる。 ③学習した基本的な技を発展させて，一連の動きで回転することができる。 ○平均立ち技群 ①新たに学習する基本的な技の一連の動きを滑らかに安定させて静止することができる。 ②姿勢，体の向きなどの条件を変えて静止することができる。 ③学習した基本的な技の条件を発展させて，一連の動きで静止することができる。 〜〜〜〜〜〜〜〜〜〜 エ　跳び箱運動 ○切り返し跳びグループ ①新たに学習する基本的な技の一連の動きを滑らかに安定させて跳び越すことができる。 ②着手位置，姿勢などの条件を変えて跳び越すことができる。 ③学習した基本的な技を発展させて，一連の動きで跳び越すことができる。 ○回転跳びグループ ①新たに学習する基本的な技の一連の動きを滑らかに安定させて跳び越すことができる。 ②着手位置，姿勢などの条件を変えて跳び越すことができる。 ③学習した基本的な技を発展させて，一連の動きで跳び越すことができる。	・選択した技の行い方や技の組合せ方について，自己や仲間の動きを分析して，良い点や修正点を指摘している。 ・課題解決の過程を踏まえて，自己や仲間の新たな課題を発見している。 ・自己や仲間の課題を解決するための練習の計画を立てている。 ①練習や演技の場面で，自己や仲間の危険を回避するための活動の仕方を提案している。 ②グループでの学習で，状況に応じて自己や仲間の役割を提案している。 ③体力や技能の程度，性別等の違いを超えて，仲間とともに器械運動を楽しむための調整の仕方を見付けている。 ④器械運動の学習成果を踏まえ，自己に適した「する，みる，支える，知る」などの運動を生涯にわたって楽しむための関わり方を見付けている。	①器械運動の学習に主体的に取り組もうとしている。 ・自己の状況にかかわらず，よい演技を讃えようとしている。 ②自己や仲間の課題に応じた練習計画を見直すなど，互いに助け合い高め合おうとしている。 ③一人一人の違いに応じた課題や挑戦を大切にしようとしている。 ・危険の予測をしながら回避行動をとるなど，健康・安全を確保している。

※図中の○囲み数字は，手順5で示す「単元の評価規準」を表している。

第3編
事例1

- 63 -

手順 5 当該単元における「単元の評価規準」を設定する。

「『B 器械運動』における2年間を見通した指導事項の配置の例」（図2）から，それ以降の年次に配置された指導事項に対応した単元の評価規準を設定する。本事例では，「単元の評価規準」を図3の全ての「単元の評価規準」の中の丸数字で示した。

手順 6 指導と評価の計画（18時間）を作成する。

単元の目標，指導内容，評価規準を明確にするとともに，「知識及び技能」「思考力，判断力，表現力等」「学びに向かう力，人間性等」の指導内容をバランスよく配置し，それぞれの関連を図った指導場面や評価機会を位置付けるなど，観点別学習状況の評価の妥当性や信頼性を高める計画を作成している。その際，「努力を要する」状況（C）と判断される生徒への指導の充実が速やかに図ることができるよう評価の機会を適切に設定することなどに留意している。

図4：指導と評価の計画の例

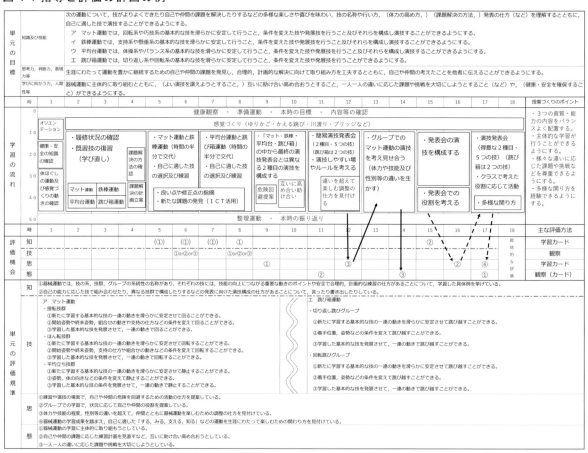

※本事例では，愛好的態度（態度①）を内容のまとまりの最後の段階で評価する工夫をしている。

以下，本事例の単元の進行と指導内容の関連について概要を説明する。

それ以降の年次においては，その次の年次までに器械運動を選択している生徒と初めて選択する生徒が混在していることが考えられる。そのため，本事例では，「はじめの段階（診断的な段階）4時間」で，本単元の学習の流れについての見通し，器械運動に関わる知識（特性，健康・安全等），基本的な技の復習及びポイントの確認と自己の実現状況を確認させ，その次の年次までの学び直しの充実を図りつつ単元を通した自己の学習の計画を立てられるようにしている。

　「なかの段階（形成的な段階）8時間」では，選択した運動種目及び目指す運動課題の設定に応じて課題の解決に取り組ませ，知識と技能を関連させた指導と評価を行っている。また，簡易な演技の発表会を設定し，他者への肯定的な判定等と適切なアドバイスをしたり，演技しやすい場の工夫や規則（ルール）を考えたりするなどの場面を設定し，12時間目に「共生」の思考・判断・表現の評価を行っている。

　「まとめの段階（総括的な段階）6時間」では，グループでの演技構成を考えて見せ合う場面を設定し，12時間目の思考力，判断力，表現力等の指導との関連を図りながら，14時間目に「共生」の主体的に学習に取り組む態度の評価を行っている。また，演技発表会を設定し，自己に適した技の選択及び構成を発表する中で，状況に応じて役割を提案するなどの場面を設定し，16時間目に「協力」の思考・判断・表現の評価を行っている。さらに，演技発表会の際は，主体的な取り組みの中で多様な関わり方を経験する場面を設定し，17時間目に「生涯スポーツの設計」の思考・判断・表現の評価につなげている。なお，最終の18時間目の総括的な評価の場面で，必要な観点や個々の生徒について最終確認を行う工夫をしている。

2　学習評価の実際と活用
観点別学習状況の評価の進め方
（1）選択制授業における観点別学習状況の評価

　本事例では，各単元における指導事項について事前の調整を図っている（図1）。授業の実施に当たっては，学習評価の妥当性と信頼性を確保する観点から，指導事項の調整とともに，評価規準や実現状況の判断の目安についても教師間で事前の調整を図ることが大切である。なお，特に，主体的に学習に取り組む態度の評価については，学習指導要領に示された内容を指導し評価することが求められることに留意したい。

（2）指導と評価の一体化に向けた観点別学習状況の評価の活用

　単元途中の観点別学習状況の評価は，生徒一人一人の学習状況を明確にし，生徒が自らの学習改善につなげると同時に，教師の指導の成果や課題を明らかにするものである。このことから，観点別学習状況の評価は，単元の終末にまとめて行うものとして捉えるのではなく，指導場面に対応した評価の機会を検討し設定することが重要である。また，観点別学習状況の評価においては，「知識」と「技能」の評価を個々に行うことで，それぞれの学習状況を生徒へフィードバックし，生徒自身の学習改善に生かしたり，教師の指導改善に生かしたりすることが大切である。

　なお，生徒の学習状況を的確に把握し，特に，「努力を要する」状況（C）の生徒に対して手立てを講じることが重要となる。例えば，評価した結果を具体的な言葉かけなどにより生徒に返して学習の改善を促したり，教師の指導の手立てを修正したりするなど，評価を指導に生かしていくようにする。併せて，「十分満足できる」状況（A）の生徒の把握にも努め，個別の課題を与えるなどの指導を行うことが必要である。

3　観点別学習状況の評価の総括及び評定への総括の考え方
（1）観点別学習状況の評価の総括及び評定への総括を行うに当たっての留意事項

　観点別学習状況の評価の総括及び評定への総括を行うに当たっては，次の点に留意することが大切である。

　ア　指導と評価の一体化の考え方を踏まえると，科目体育で育成を目指す資質・能力に対応した

指導内容をバランスよく指導し評価することが求められること。

イ　観点別学習状況の評価の総括及び評定への総括を行うに当たっては，指導事項に対応した評価規準数を考慮するのか，観点別学習状況の評価を評定へ総括する際に観点ごとの比率を設定するのか等も含め，観点別学習状況の評価の総括及び評定への総括についての考え方や方法等を，各学校において十分検討しておく必要があること。

ウ　シラバスやオリエンテーション等の機会を通して，事前に生徒及び保護者等に対して十分な説明をしておくことが重要であること。

（2）観点別学習状況の評価の総括及び評定への総括の例

　報告では観点別学習状況の評価については，観点ごとにA，B，Cの3段階とすることが適当であるとされているが，この段階から5段階（例　A°，A，B，C，C▲）で評価し，評定への総括に備えるのかについて検討することも考えられる。ここでは，各学期での総括や評定への総括の際の検討の視点の例を吹き出しで示している。

　参考として，5段階で評価し，評定への総括に備える例を以下に示す。なお，数値化するときは，A°を5，Aを4，Bを3，Cを2，C▲を1と設定している。

表3　A高校における年間指導計画の入学年次1学期の総括時の検討例

単元名	体つくり運動		体育理論		全領域選択Ⅰ（器械運動）		総括（平均点）＜比率％＞		評定（平均値）
時間数	5		3		18				
項目	評価	評価規準数	評価	評価規準数	評価	評価規準数			
生徒X　知	B B (3)(3)	2	A A (4)(4)	2	B B A (3)(3)(4)	3	A or B (3.43)	A or B (3.80) ＜ xx％ ＞	4 or 3
生徒X　技					A° A A° (5)(4)(5)	3	A or B (4.67)		
生徒X　思	A A (4)(4)	2	A(4)	1	A B B B (4)(3)(3)(3)	4	A or B (3.57) ＜ xx％ ＞		
生徒X　態	B (3)	1		0	A A A° (4)(4)(5)	3	A or B (4.00) ＜ xx％ ＞		

（吹き出し）
知識・技能の総括の考え方
学期をまたいだ領域の扱い
観点別学習状況の評価の3段階評価 or 5段階評価
評価規準の数
3観点の総括の比率
評定への総括の考え方

※　体つくり運動は1学期と2学期に分割して，体育理論は1学期と3学期に分割して実施しているが，この例ではそれぞれの学期で評価し総括している。

　なお，指導要録の記載に当たっては，3観点での記載が求められること，評定への総括についてはその方法によって評定が異なる場合が考えられることなどから，各学校においては，学習指導要領の趣旨や生徒の実態等を踏まえ，総括の方法について事前に十分に検討し教師間の共通理解を図ることが必要である。また，観点別学習状況の評価は，どの観点で望ましい学習状況が認められ，どの観点に課題が認められるかを明らかにすることにより，具体的な学習や指導の改善に生かすことを可能とするものであることから，各学校が独自に作成する通知表の性格を踏まえた上で，知識と技能の評価の記載方法について検討することも考えられる。

保健体育科（科目体育）　　事例2
キーワード　「知識・技能」の評価
　　　～知識と技能の関連を図る指導と評価の工夫～

単元名
　武道（剣道）
　入学年次

内容のまとまり
入学年次
「Ｆ　武道」

　本事例は，武道（剣道）における，「知識・技能」の観点別学習状況の評価の事例である。
　生徒自身が各自の学びを改善することができるよう，学習カードやＩＣＴ等を活用した，指導と評価の工夫をしている。また，こうした工夫から得た評価材料を基に，学習状況の判断の仕方や，「知識・技能」の観点への総括について考え方を紹介する。

Ⅰ　「知識及び技能」の指導と「知識・技能」の観点別学習状況の評価

1　解説における「知識」と「技能」の考え方

　「知識」については，生涯にわたる豊かなスポーツライフの継続に向けて，学習指導の更なる充実が求められている。また，運動の行い方などの科学的知識を基に運動の技能を身に付けたり，運動の技能を身に付けることでその理解を一層深めたりするなど知識と技能を関連させて学習できるようにすること，と示された。（解説 P.33 参照）

【知識】

> 「知識」については，「体の動かし方や用具の操作方法などの具体的な知識と，運動の実践や生涯スポーツにつながる概念や法則などの汎用的な知識で示している。」
> ○各領域の特性や魅力，運動やスポーツの価値等の理解に重要な内容となる
> ○特定の種目等の具体的な知識を理解することが学習の最終的な目標ではない
> ○具体的な知識と汎用的な知識を関連させて理解を促すことが大切である

【技能】

> 「技能」については，「運動を通して，各領域の特性や魅力に応じた楽しさや喜びを深く味わうことを示すとともに，各領域における技能や攻防の様相，動きの様相などを示している。」
> ○運動種目等の固有の技能や動き等を身に付けさせることが具体的なねらいとなる
> ○各領域等の技能や，攻防の様相及び動きの様相との関連に留意し，特性や魅力に応じた楽しさや喜びを深く味わわせることが大切である

2　武道（剣道）における具体的な指導事項及び「知識・技能」の評価

　本事例の「知識及び技能」の具体的な指導事項は，高等学校解説の「入学年次」の例示をもとに，中学校からの接続を考慮した上で，生徒の過重負担にならないよう当該単元に配置している。（表1）
　入学年次における武道（剣道）の「知識」では，「伝統的な考え方」，「技の名称や見取り稽古の仕方」，「体力の高め方」，「試合の行い方」が指導事項として示されている。
　なお，義務教育段階での学習内容の確実な定着を図ることが重要であるため，本事例では，技能の指導との関連の中で，高等学校解説では示されていない「技の行い方」の知識について中学校解説を参考に取り上げ指導している。
　また，「技能」は，「相手の動きの変化に応じた基本動作，既習技や新たな基本となる技の技能の上達を踏まえて，しかけ技や応じ技を用いた自由練習や簡易な試合で攻防を展開することができるようにする。」ことを指導し評価する。
　なお，生徒の体力や技能の程度の違いを踏まえ，個に応じた段階的な指導に十分配慮している。

表1　入学年次　武道（剣道）の具体的な指導事項

知識及び技能		思考力，判断力，表現力等	学びに向かう力，人間性等
知識	技能		
①武道を学習することは，自国の文化に誇りをもつことや，国際社会で生きていく上で有意義であること。 ・武道には，各種目で用いられる技の名称や武道特有の運動観察の方法である見取り稽古の仕方があること。 ・武道では，攻防に必要な補助運動や部分練習を繰り返したり，継続して行ったりすることで，結果として体力を高めることができること。 ②試合の行い方には，簡易な試合におけるルール，審判及び運営の仕方があること。 ③それぞれの技を身に付けるための技術的なポイントがあること。 （中学校学習指導要領解説より）	○基本動作 ・構えでは，相手の動きの変化に応じた自然体で中段に構えること。 ・体さばきでは，相手の動きの変化に応じて体の移動を行うこと。 ・基本の打突の仕方と受け方では，体さばきや竹刀操作を用いて打ったり，応じ技へ発展するよう受けたりすること。 ○しかけ技 ＜二段の技＞ ・最初の面打ちに相手が対応したとき，隙ができた面を打つこと。　(面―面) ＜引き技＞ ①相手と接近した状態にあるとき，隙ができた面を退きながら打つこと。(引き面) ＜出ばな技＞ ②相手が打とうとして竹刀の先が上下に動いたとき，隙ができた面を打つこと。(出ばな面) ＜払い技＞ ・相手の竹刀を払ったとき，隙ができた面を打つこと。　(払い面) ○応じ技 ＜抜き技＞ ③相手が小手を打つとき，体をかわしたり，竹刀を頭上に振りかぶったりして面を打つこと。　(小手抜き面)	・見取り稽古などから，合理的な動きと自己や仲間の動きを比較して，練習の成果や改善すべきポイントとその理由を仲間に伝えること。 ①自己や仲間の技術的な課題やその課題解決に有効な練習方法の選択について，自己の考えを伝えること。 ・選択した運動に必要な準備運動や自己が取り組む補助運動を選ぶこと。 ・健康や安全を確保するために，体調や環境に応じた適切な練習方法等について振り返ること。 ②相手を尊重するなどの伝統的な行動をする場面で，よりよい所作について，自己や仲間の活動を振り返ること。 ・体力や技能の程度，性別等の違いに配慮して，仲間とともに武道を楽しむための活動の方法や修正の仕方を見付けること。 ・武道の学習成果を踏まえて，自己に適した「する，みる，支える，知る」などの運動を継続して楽しむための関わり方を見付けること。	・武道の学習に自主的に取り組もうとすること。 ①相手を尊重し，伝統的な行動の仕方を大切にしようとすること。 ・仲間と互いに合意した自己の役割を果たそうとすること。 ・一人一人の違いに応じた課題や挑戦を大切にしようとすること。 ②健康・安全を確保すること。

（表中の○囲み数字は，本事例の入学年次で指導し評価するものを示している。）

3　カリキュラム・マネジメントに基づく入学年次の「単元の評価規準」の設定
（1）本単元における入学年次の指導事項の整理

　入学年次の知識では，重点化の考え方に基づき，（表1）の知識の①，②，③を重点的に指導することとし，③については，取り扱う技に応じた知識を指導することとなる。

　同様に，技能についても，（表1）のしかけ技（①引き面，②出ばな面），応じ技（③小手抜き面）を取り上げ，個々の体力や技能に応じて，対人での練習や自由練習を行い，既習技を用いた簡易な試合で攻防を展開することに取り組むこととした。

　その際，知識①の「伝統的な考え方」において，我が国固有の文化である武道を学習することは，自国の文化に誇りをもつ上で有効であり，これからの国際社会で生きていく上で有意義であることを，汎用的な知識として指導し評価することとした。

　また，知識②の「試合の行い方」の指導については，簡易な試合におけるルール，審判法及び運営の仕方があることを，具体的な知識として指導し評価することとした。

　さらに，知識③「それぞれの技を身に付けるための技術的なポイントがあること。（中学校解説より）」を技能と関連付けて指導し評価するため，それぞれ「具体的な知識」と「汎用的な知識」とに整理したうえで，指導し評価することとした（図1）。

　なお，「具体的な知識」と「汎用的な知識」を整理して指導することにより，知識の評価に際して，学習状況の判断の目安として活用する工夫をしている（P.71〜73参照）。

第3編
事例2

図1　本事例における入学年次武道（剣道）の「知識及び技能」の具体的指導事項の整理

○知識

①剣道を学習することは，自国の文化に誇りをもつことや，国際社会で生きていく上で有意義であること。　　　　　　　　（具体的指導事項の詳細はP. 71に記載）

②試合の行い方には，簡易な試合におけるルール，審判及び運営の仕方があること。　　　　　　　　　　　　　　　　（具体的指導事項の詳細はP. 72に記載）

③それぞれの技を身に付けるための技術的なポイントがあること。

○技（技能）に関連した知識の整理

		具体的な知識	汎用的な知識
		運動の行い方のポイントやコツ「何を」行うのか	運動を支える原理，原則，意義「何のために」行うのか
しかけ技	引き面	・つばぜり合いで相手を押したり，自分が引いたりする・速く引き，離れ際と同時に打つ・左足を後方に引きながら竹刀を上げ，隙ができた面を素早く打つ　　　　　　など	・相手の隙を捉え，しかけるため。・相手の体勢を崩すことで生じる隙を捉え，打突するため。
	出ばな面	・竹刀の先の動きを見る・右足一歩で鋭く踏み込む・隙ができた面を素早く打つ　　　　　　　　　　など	・相手の隙を捉え，しかけるため。・相手が動き出す瞬間に生じる隙を捉え，打突するため。
応じ技	小手抜き面	・少し竹刀を上げて，相手に小手を打たせる隙をつくる・相手の前進に合わせ後退する（体をかわす）・移動と同時に竹刀を大きく振りかぶり，隙ができた面を素早く打つ　　　　　　など	・相手の攻撃を無効にし，応じるため。・（誘い出す動きから）相手の攻撃をかわして，空を切らせ，打突するため。

○技能

○しかけ技　＜引き技＞

①相手と接近した状態にあるとき，隙ができた面を退きながら打つこと。（引き面）

技		中1・2	中3高校入学年次	高校その次の年次以降
しかけ技	引き技	引き胴	※引き胴引き面	※引き胴※引き面引き小手

＜出ばな技＞

②相手が打とうとして竹刀の先が上下に動いたとき，隙ができた面を打つこと。（出ばな面）

技		中1・2	中3高校入学年次	高校その次の年次以降
しかけ技	出ばな技	-	出ばな面	※出ばな面出ばな小手

○応じ技　＜抜き技＞

③相手が小手を打つとき，体をかわしたり，竹刀を頭上に振りかぶったりして面を打つこと。（小手抜き面）

技		中1・2	中3高校入学年次	高校その次の年次以降
応じ技	抜き技	面抜き胴	※面抜き胴小手抜き面	※面抜き胴※小手抜き面

※は既習技

> 上段は「応じ技」，下段は「小手抜き面」の汎用的な知識で整理。
> ※「しかけ技」の表記も同様。

（2）「単元の評価規準」の設定

　「入学年次　武道（剣道）の具体的な指導事項（表1）」を踏まえ，本事例では入学年次で取り扱う武道（剣道）の「単元の評価規準」を下記のとおり設定した（表2）。

表2　入学年次で取り扱う武道（剣道）の「単元の評価規準」

知識・技能		思考・判断・表現	主体的に学習に取り組む態度
○知識①剣道を学習することは，自国の文化に誇りをもつことや，国際社会で生きていく上で有意義であることについて，言ったり，書き出したりしている。②試合の行い方には，簡易な試合におけるルール，審判及び運営の仕方があることについて，学習した具体例を挙げている。③それぞれの技を身に付けるための技術的なポイントがあることについて，学習した具体例を挙げている。（中学校学習指導要領を基に作成）	○技能①相手と接近した状態にあるとき，隙ができた面を退きながら打つことができる。（引き面）②相手が打とうとして竹刀の先が上下に動いたとき，隙ができた面を打つことができる。（出ばな面）③相手が小手を打つとき，体をかわしたり，竹刀を頭上に振りかぶったりして面を打つことができる。（小手抜き面）	①自己や仲間の技術的な課題やその課題解決に有効な練習方法の選択について，自己の考えを伝えている。②相手を尊重するなどの伝統的な行動をする場面で，よりよい所作について，自己や仲間の活動を振り返っている。	①相手を尊重し，伝統的な行動の仕方を大切にしようとしている。②健康・安全を確保している。

（3）単元の指導と評価の計画

　指導と評価の計画を（図2）のとおり設計し，図中に指導と評価の関係を示した。

知識①については，1時間目に剣道の特性や伝統的な考え方などについて指導し，その時間に評価している。

　知識②については，9時間目にルールの確認や簡易化への修正，審判法や運営の仕方について指導し，その時間に評価している。

　知識③については，2〜7時間目にかけて，図1で整理した各技の具体的な知識（何を行うのか）と汎用的な知識（何のために行うのか）を組み合わせて指導し，それぞれの時間に学習した行い方のポイント等を学習カードに記載させ，7時間目に評価している。

　技能①〜③については，知識③との関連を図りつつ，それぞれ2・5・7時間目に技の行い方を指導し，一定の期間をおいて形成的な評価を行いながら，「努力を要する」状況（C）と判断される生徒に対して指導の手立てを検討し，速やかに対処することとしている。（そのためここでは（　）付の表記としている。）その後単元の後半部分（9〜12時間目）の課題別学習や簡易試合の際に，技能の指導事項についての評価機会を設けている。

図2　武道（剣道）　入学年次における指導と評価の計画の例

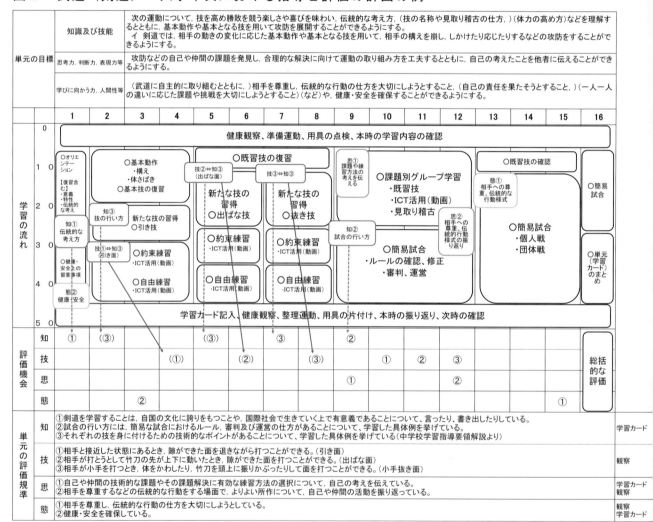

4　学習カードを活用した知識の指導と評価の実際

　次の（1）～（3）は，本事例で取り扱う指導事項，知識①「伝統的な考え方」と，知識②「試合の行い方」，知識③「技の行い方」を評価する学習カードと記述状況の例と，実現状況を判断する目安と具体例を作成し活用している。

（1）知識①「伝統的な考え方」（1時間目）

　下記の学習カードの設問1では，「相手を尊重し，礼法を大事にすること」の意味や価値を問う項目を設け，その記述を評価材料に用いている。

　また，学習の実現状況を判断するために，各状況の判断の目安を作成し評価に活用している。

　なお，本事例では，学習状況について，波線部（具体例）の記述がみられ，判断の目安から，「十分満足できる」状況（A）と判断している。

表3　【学習カードと記述状況例】

知識①　我が国固有の文化である武道（剣道）の考え方を知ろう！（1時間目）
〇月〇日（〇）　1年（　　）組　　番　氏名
1　武道において，相手を尊重し，礼法を大事にするのはなぜ？
・技がうまくなるのは，ペアの友人が練習の相手をしてくれるからです。だから，相手を尊重したり，感謝する気持ちをもっていることが大事だと思います。 ・感謝を伝える方法として，武道では，座礼などがあって，「礼に始まり礼に終わる」ことが大事です。
2　武道（剣道）での学びは，将来の社会生活にどのように役立ちますか？
・日本の文化の1つでもある，剣道の文化を大事にして，勉強することは，将来，国際社会で生きていく時に役立ちます。

表4【実現状況を判断する目安と生徒の回答例】

実現状況	判断の目安	生徒の回答例
十分満足 （A）	伝統的な考え方とその意義に関する背景などの理解も含め，汎用的な知識と関連付けて具体的に記述されている。	・仲間がいるから練習ができて上達できるので，尊敬と感謝の気持ちを表すことが大事 ・感謝や敬意の気持ちを伝える行動として，立礼や座礼があり，武道は「礼に始まり礼に終わる」 ・剣道の文化を大事にすることは，色々な日本の文化もわかって，将来，国際社会で生きていく中で役に立つ
おおむね満足 （B）	教師が指導した剣道の伝統的な考え方とその意義について記述されている。	・相手を尊敬する気持ちが大事 ・武道は，「礼に始まり礼に終わる」 ・剣道の文化は，日本の文化として将来の国際社会で役に立つ
努力を要する （C）	伝統的な考え方とその意義について記述がみられない。	・仲間と協力をする ・あいさつすることは大事 ・剣道は日本で始まったスポーツ

（2）知識②「試合の行い方」（9時間目）

　下記の学習カードの設問では，「簡易な試合の行い方」を問う項目を設け，その記述を評価材料に用いている。本例では，学習状況について，波線部（具体例）の記述がみられ，判断の目安から，「おおむね満足できる」状況（B）と判断している。

表５　【学習カードと記述状況例】

知識②　試合におけるルール，審判，運営の行い方を知ろう！（９時間目）
○月○日（○）　１年（　　）組　　番　氏名
○簡易な試合の行い方について
【自分たちに合った簡易試合を行う際には，何を決めておく必要がありますか？また，なぜそう考えたのか書いてみよう！】 ・*試合の時間，簡単なルール，試合場の広さなどを決めておく必要があると思います。* ・*審判，時計係，記録係などの運営係を決めておく。* ・*試合を行うのに，必要だから。*

表６　【実現状況を判断する目安と生徒の回答例】

実現状況	判断の目安	生徒の回答例
十分満足 （Ａ）	学習した主なルールを基に，自己や仲間にあった簡易な試合でのルール，審判及び運営の仕方について，簡易ルールが必要な意義や意図，理由やその効果も含め，具体的に記述している。	・全体の試合数や，自分たちの体力などを考えて，試合時間は，正式の半分で２分，試合方法は１本勝負，広さは正式の広さの半分で行う。 ・効率的で安全に運営するため，試合がない班で，審判・時計係・記録係を決めておく。 ・簡単なルールにしたり，試合時間を変えるのは，メンバー全員が楽しく試合できるようにする為に必要だから。
おおむね満足 （Ｂ）	学習した主なルールを基に，簡易な試合でのルール，審判及び運営の仕方について記述している。	・試合時間，試合方法，試合場の広さ，試合形式（団体・個人）などを決める。 ・審判，時計係，記録係を決めておく。 ・試合をやるのに最低限必要な内容だから。
努力を要する （Ｃ）	学習した主なルールを基に，簡易な試合でのルール，審判及び運営の仕方について記述されていない。	・ルールを簡単にする。 ・できる人が係を行う。

（３）知識③「技の行い方」（２・５・７時間目）

　下記の学習カードの設問では，技能①「引き面」（相手と接近した状態にあるとき，隙ができた面を退きながら打つこと）に関連した，技の行い方の知識③について，「技の動きのポイントやコツ（何を行う）」（具体的な知識）と「技を支える原理等（何のために行う）」（汎用的な知識）とを問う項目を設け，その記述を評価材料に用いている。本例では，学習状況について，波線部（具体例）の記述がみられ，判断の目安から，「十分満足できる」状況（Ａ）と判断している。

図３　【学習カードと記述状況例】

知識③　技のポイントやコツを知ろう！（２・５・７時間目）

１年（　　）組　　番　氏名

具体的な知識　　　　　　　汎用的な知識

１　技について

　１）「引き面」　⇒相手と接近した状態にあるとき，隙ができた面を退きながら打つこと。（２時間目）

技の名称	技の動き（流れ）やポイント・コツを書こう！「何を行う？」			技を支える原理等は？「何のため？」	アドバイスや動画から，自分の課題を書いてみよう！	自己評価（○を記入）
	こうしたら・・【機会づくり】	こうなって・・【相手の反応】	こう打って・・一本！			
しかけ技（引き技）	・つばぜり合いで，*相手を強く押したら・・*	・*相手は体勢を崩して隙ができるから・・*	・*引き際に素早く竹刀を振り上げて・・面！*	・*押したり引いたりして，相手の体勢を崩し，できた隙を打つため！*	・*崩しが弱い* ・*面を打つタイミングが遅い*	5 2 ④ 1 3

　２）「出ばな面」　⇒相手が打とうとして竹刀の先が上下に動いたとき，隙ができた面を打つこと。（５時間目）【省　略】

　３）「小手抜き面」　⇒相手が小手を打つとき，体をかわしたり，竹刀を頭上に振りかぶったりして面を打つこと。（７時間目）【省　略】

表7　【実現状況を判断する目安と生徒の回答例】

実現状況	判断の目安	生徒の回答例
十分満足 （A）	技の行い方のポイントやコツなどの具体的な知識と汎用的な知識を関連付けて記述されている。	・つばぜり合いで，相手を強く押したり，速く引いたりすると，相手は体勢を崩す。 ・相手の体勢が崩れたところに隙ができるので，素早く打つ。
おおむね満足 （B）	技の行い方のポイントやコツなどの具体的な知識を記述している。	・強く押したり速く引いたりする。 ・相手の体勢が崩れたところで面を打つ。 ・引き際に相手の面を打つ。
努力を要する （C）	技の行い方のポイントやコツが記述されていない。	・勝つため。 ・面を打つため。

5　学習カードやICTを活用した技能の指導と評価の実際

　本事例では，知識と技能の関連を図るための学習カードを作成し，技能の学習評価に向けた工夫例を示した。

　まず，【実現状況を判断する目安と具体例】を整理し指導することとし，生徒がこの内容をもとに自己の課題発見や他者へのアドバイスに活用できるよう，「課題発見のための技の視点カード）」（図4）を作成している。

　具体的には，ICTで撮影した映像資料をもとに，技の習得段階を生徒自身が自己評価し，その段階に応じて仲間と相互にアドバイスする活動（2～8時間目）が充実するよう，「課題発見のための技の視点カード」（図4）を教師が作成し，指導の手立てとした。

　その際，知識③の学習カードへの記述を併用しながら，技能の学習カードを作成・活用させることで，知識と技能の往還を図る工夫をしている。また，技能のポイント理解や課題の具体化に迫ったり，助け合い教え合いを活性化させたりすることにより，技能の向上に資することができるようにしている。

　なお，評価については，「十分満足できる」状況（A）と判断される生徒，「おおむね満足できる」状況（B）と判断される生徒，「努力を要する」状況（C）と判断される生徒の実現状況の判断の目安とその具体例を作成し，それを踏まえて技能の評価を行った。

【知識と技能の関連を図るための学習カードの工夫例】
図4　「課題発見のための技の視点カード」

技能①　技のポイントやコツを知り，仲間とお互いにアドバイスしよう！（3，4・6・8時間目，9時間目以降に使用）

※自分の習得段階に「〇」をつけて，仲間にカードを渡し，アドバイスしてもらおう。

1年（　　）組　　番　氏名

1　しかけ技について：「引き面」「出ばな面」

　1）「引き面」　⇒相手と接近した状態にあるとき，隙ができた面を退きながら打つこと。（2時間目）

技の自己評価（習得段階に〇をつける）		仲間にアドバイスする際の視点	仲間への言葉かけのポイント
自動化の段階 （〜〜）	・迷いがない的確な動きから技が決まる ・よどみのない動きに加え，気剣体が一致し，強く打つことができる状態	技全体の動きと強さに注目し，さらに高まるような点をアドバイスしよう。	〇相手との攻防の中でも技が決まるようにするためのポイントやコツに注目して伝えよう。 例：簡易試合での相手の対応は想定できるかな。　など
意図的に調整する段階 （〜〇〜）	・意識すれば技が決まる ・よどみのない動きに加え，打つことができる状態	技全体の動きに注目してアドバイスしてみよう。	〇一連の動きの中で，相手の体勢や動きに対応した技のポイントやコツに注目して伝えよう。 例：打つタイミングが足とあっていない時があるよ。 　　　　　　　　　　　　　　　　　　　　など

		・たまたま技が決まる時がある ・学習した内容の動きができて，一連の動きから打つことができる状態	技の動きのポイントやコツについて，個々の動きに着目して，知識で学んだ「何のために？」（汎用的知識）と，「何を行う？」（具体的知識）のかについて具体的にアドバイスしてみよう。	○技の流れに沿って，「こうしたら‥」【機会づくり】→「こうなって‥」【相手の反応】→「こう打って‥」【一本！】に注目し，それぞれのポイントやコツを伝えよう。 例：崩すための押しが弱いよ。 ：隙ができた後の打つタイミングが遅いよ。　など
試行錯誤の段階 （〜）		・もう少しで技がきまる ・ゆっくりとした動きから，打つことができる状態		
		・動きが理解できず，技ができていない ・動きが連動せず，打つことができない状態	技の模範となる動きと比較して，知識で学んだ「何のために？」と「何を行う？」の関連が理解できるようにアドバイスしてみよう。	○仲間の良い点を見付けて伝えよう。 例：「崩し」の感覚をつかむために，手押し相撲をやってみよう。 ：素振りで，後ろに下がりながら打つ感覚をつかんでみよう。　　　　　　　　　　　　　　　　など

2）「出ばな面」　【省　略】

2　応じ技について：「小手抜き面」　【省　略】

表8　【実現状況を判断する目安と具体例】

※技能①「相手と接近した状態にあるとき，隙ができた面を退きながら打つことができる。」（引き面）の例

実現状況	判断の目安	具体例（特徴的な動き）
十分満足 （A）	相手と接近した状態にあるとき，しかけの動きから，隙ができた面を退きながら，よどみなく，強く打つことができる。	・迷いがなく，よどみのない動きに加え，強く打つことができる。 ・技に強さがあり，気剣体が一致している。
おおむね満足 （B）	相手と接近した状態にあるとき，しかけの動きから，隙ができた面を退きながら打つことができる。	・学習した技の動きができ，タイミングよく打つことができる。 ・技の動きが連動し，打つことができる。
努力を要する （C）	相手と接近した状態にあるとき，しかけの動きから，隙をつくることができない，面を退きながらゆっくり打つことができる。または打てない。	・技の動きが連動せず，タイミングが合わずに打つことができない。 ・隙をつくり出せない。 ・技の動きがぎこちなく，打つことができない。

※技能②「出ばな面」，技能③「小手抜き面」については省略

Ⅱ 「知識・技能」の観点別学習状況の評価の総括

　ここでは，本事例における「知識・技能」の評価の総括について，組み合わせ，数値に基づいた総括の仕方2例を示す。

　観点別学習状況の評価については，ＡＢＣの3段階で評価することが適当であるとされているが，本事例では，生徒の学習状況を改善するためのフィードバック情報にも活用する趣旨から，知識，技能をそれぞれ「A゜（5），A（4），B（3），C（2），C゜（1）」の5段階で評価した後，3段階に総括している。（表9）

表9【入学年次の武道（剣道）の評価の総括時の検討例】

単元名		武道（剣道）		単元の総括（平均値）の例	
時間数		16			
項目		評価	規準数		
生徒X	知識	A゜（5） B（3） A（4）	3	A（4.00）	B（3.50）
	技能	B（3） B（3） B（3）	3	B（3.00）	

1　Ａ，Ｂ，Ｃの組合せに基づいて総括する例

　本事例の「知識」の評価は，Ａ°，Ｂ，Ａとなり，Ａ以上が半数以上となっていることから，「数の多いほうの評価とする」という事前の取り決めによりＡと評価している。

　同様に，「技能」の評価は，Ｂ，Ｂ，Ｂとなり，すべてＢとなっていることから，事前の取り決めによりＢと評価している。

　「知識・技能」の総括は，それぞれの総括が「知識Ａ・技能Ａ」の場合はＡ，「知識Ｂ・技能Ｂ」の場合はＢとすること，「知識Ｂ・技能Ａ」か「知Ａ・技能Ｂ」の場合は，全ての評価規準数を比べて多い方の評価とすることを事前に取り決めしており，本事例では，Ａが２，Ｂが４となっていることから，Ｂと総括している。

2　Ａ，Ｂ，Ｃを数値に表したものに基づいて総括する例

本事例で設定した総括の基準の例
Ａ＞４．００　　４．００≧Ｂ≧２．５０　　２．５０＞Ｃ

　本事例の「知識」の評価は，Ａ°（５），Ｂ（３），Ａ（４）となり，数値の合計は「12」となる。「知識」の平均は「4.00」となり，Ａと総括する。

　同様に，「技能」の評価は，Ｂ（３），Ｂ（３），Ｂ（３）となり，数値の合計は「９」となる。「技能」の平均は「3.00」となり，Ｂと総括する。

　以上のことから，「知識・技能」の総括は，「3.50」となり，「知識・技能」の評価は，Ｂと総括している。

保健体育科（科目体育）　　事例3
キーワード　「思考・判断・表現」の評価
　　　　～ＩＣＴ活用による効果的な情報の収集とフィードバック～

単元名	内容のまとまり
体つくり運動（体ほぐしの運動，実生活に生かす運動の計画） それ以降の年次	その次の年次以降 「Ａ　体つくり運動」

　体つくり運動は，「他の運動に関する領域のようにそれぞれが特定の技能を示すものではないことから，『技能』ではなく『運動』として示すとともに，系統的な技能や動きを例示することが適さないため，体つくり運動のねらいに基づいた『行い方の例』や『運動の計画と実践の例』を示している。」(解説 P. 35 参照)とされている。そのため，「技能」の評価は行わず，「知識」「思考・判断・表現」「主体的に学習に取り組む態度」により評価を行うこととなる。

　本事例ではＩＣＴを活用し，効果的な評価情報の収集の工夫を通した，体つくり運動の「思考・判断・表現」の評価について取り上げる。

1　カリキュラム・マネジメントの視点から見た本単元における指導の工夫

　本事例は，それ以降の年次の4月～5月及び10月～11月の各5回，10単位時間を単元としたものであり，入学年次から本事例までの学習の経緯を踏まえ，まず，カリキュラム・マネジメントの視点から，内容の取扱いで示された配慮事項を考慮して年間指導計画を作成している(表1)。

　体つくり運動の指導計画の作成に当たっては，「授業時数が2単位の学年については7単位時間以上とし，3単位の学年については 10 単位時間を目安として配当する」こと，「『保健』における精神疾患の予防と回復などの内容とも関連を図ること」，「実践と関連付けて理解できるよう配慮する」(解説 P. 54 参照)，「各領域の指導においては，体育理論の生涯スポーツの設計の仕方などや，体つくり運動の汎用的な知識との関連を図ること」(解説 P. 34 参照)等を踏まえている。

　具体的には，入学年次では知識の理解を基に運動の計画を立てて取り組むことで運動と知識を関連させて学習し，「知識及び運動」，「思考力，判断力，表現力等」，「学びに向かう力，人間性等」の内容をバランスよく学習する(表1-㋐)。その次の年次では課題解決の方法には，自己に応じた目標の設定，目標を達成するための課題の設定，課題解決のための運動例の選択とそれに基づく計画の作成及び実践，学習成果の確認，新たな目標の設定といった過程があることについて学習する(表1-㋑)。また，保健の「現代社会と健康」の「生活習慣病などの予防と回復」において「日常生活にスポーツを計画的に取り入れることは生活習慣病などの予防と回復に有効であること」を学習する(表1-㋒)。さらに体育理論の「運動やスポーツの効果的な学習の仕方」において運動やスポーツの技能と体力及びスポーツによる障害，運動やスポーツの活動時の健康・安全の確保の仕方を学習する(表1-㋓)。

　表1では，上記の関連性をわかりやすくするために，年間指導計画の例に関連する領域とその学習時期を㋐㋑㋒㋓に示すとともに，関連する領域，単元及び保健の指導内容を図1で示した。

表1　高等学校における年間指導計画の例

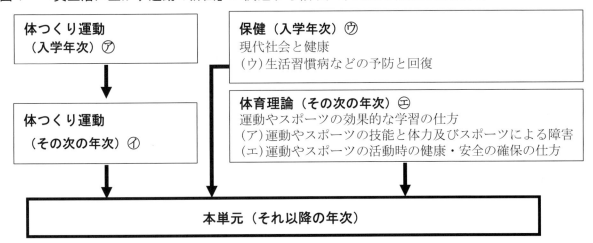

科目	履修	学年	単位	週/月	内容

体育　必修

入学年次（3単位）
- オリエンテーション
- 体つくり運動[5] ㋐
- 体育理論[3]
- 3領域選択Ⅱ[18]　陸上競技(跳,投)水泳(乙泳法)　ダンス(創作ダンス)　3クラス3展開
- 球技・武道選択Ⅰ[16]　球技 ゴール型(サッカー)　ネット型(テニス)　武道(柔道)　3クラス3展開
- 球技・武道選択Ⅱ[16]　球技ゴール型(バスケットボール)　ネット型(バレーボール)　武道(柔道)　3クラス3展開
- 陸上競技[4]　長距離走
- 体つくり運動[5] ㋐
- 体育理論[3]
- 球技・武道選択Ⅲ[16]　球技ゴール型(ラグビー)　ベースボール型(ソフトボール)　武道(剣道)　3クラス3展開
- 3領域選択Ⅰ[18]　陸上競技(走種目)器械運動(4種目から2)　ダンス(現代的なリズムダンス)　3クラス3展開

その次の年次（2単位）
- オリエンテーション
- 体つくり運動[3] ㋑
- 3領域選択Ⅰ[14]　球技ゴール型(ハンドボール)　水泳、武道(柔道)
- 3領域選択Ⅱ[14]
- 3領域選択Ⅲ[24]　球技ネット型(バレーボール)　武道(剣道)、ダンス(希望ダンス)
- 体育理論[3] ㋓
- 陸上競技[4]　長距離走
- 体育理論[3] ㋓
- 体つくり運動[4] ㋑
- 選択Ⅲ 継続
- 陸上競技(走,跳,投選択)　器械運動(2種目選択)　武道(柔道)

それ以降の年次（3単位）
- オリエンテーション
- 体つくり運動[5] (マイスポーツ)
- 体育理論[3]
- 全領域選択(マイスポーツ)Ⅱ[18]　例)球技ゴール型(サッカー)　ネット型(バレーボール)　水泳,武道(柔道)
- 体つくり運動[5] (マイスポーツ)
- 全領域選択(マイスポーツ)Ⅲ[31]　希望上位3種目を配置　(前期選択領域以外を選択)
- 陸上競技[6]　長距離走
- 体育理論[3]
- 全領域選択(マイスポーツ)Ⅲ継続　例)球技ゴール型(バスケットボール,ラグビー)　ダンス(現代的なリズムのダンス)
- 全領域選択Ⅳ
- 全領域選択Ⅰ[18]　全領域から実施アンケートを行い,希望した領域を年間で配置している。(3クラス3展開)　例)球技ネット型(テニス)陸上競技(走,跳,投から選択)器械運動(4種目から選択)

保健　必修

入学年次（1単位）　現代社会と健康／安全な社会生活
- 健康の考え方(5)
- 現代の感染症とその予防(5)
- 生活習慣病などの予防と回復(5) ㋒
- 喫煙、飲酒、薬物乱用と健康(5)
- 精神疾患の予防と回復(5)
- 安全な社会づくり(5)
- 応急手当(5)

その次の年次（1単位）　生涯を通じる健康／社会生活と健康
- 生涯の各段階における健康(8)
- 労働と健康(6)
- 環境と健康(6)
- 食品と健康(5)
- 保健医療制度・機関(4)
- 保健活動(3)
- 環境づくり(3)

図1　「実生活に生かす運動の計画」に関連する領域，単元及び保健の指導内容

体つくり運動（入学年次）㋐　→　**体つくり運動（その次の年次）㋑**

保健（入学年次）㋒
現代社会と健康
(ウ)生活習慣病などの予防と回復

体育理論（その次の年次）㋓
運動やスポーツの効果的な学習の仕方
(ア)運動やスポーツの技能と体力及びスポーツによる障害
(エ)運動やスポーツの活動時の健康・安全の確保の仕方

↓

本単元（それ以降の年次）

2　単元の目標

(1) 次の運動を通して，体を動かす楽しさや心地よさを味わい，体つくり運動の行い方，体力の構成要素，実生活への取り入れ方（など）を理解するとともに，自己の体力や生活に応じた継続的な運動の計画を立て，実生活に役立てることができるようにする。

　ア　体ほぐしの運動では，手軽な運動を行い，心と体は互いに影響し変化することや心身の状態に気付き，仲間と主体的に関わり合うことができるようにする。

　イ　実生活に生かす運動の計画では，自己のねらいに応じて，健康の保持増進や調和のとれた体力の向上を図るための継続的な運動の計画を立て取り組むことができるようにする。

(2) 生涯にわたって運動を豊かに継続するための自己や仲間の課題を発見し，合理的，計画的な解決に向けて取り組み方を工夫するとともに，自己や仲間の考えたことを他者に伝えることができるようにする。

(3) 体つくり運動に主体的に取り組むとともに，互いに助け合い高め合おうとすること，一人一人の違いに応じた動きなどを大切にしようとすること，（合意形成に貢献しようとするこ

と）（など）や，（健康・安全を確保すること）ができるようにする。

※本事例では，学習指導要領「2　内容」を踏まえ，その次の年次以降の目標を全て記載した上で，その次の年次で指導し評価する部分については，（　）をつけて単元の目標を示している。

3　それ以降の年次の指導内容及び全ての「単元の評価規準」

表2　それ以降の年次の体つくり運動の全ての「単元の評価規準」

知識・技能		思考・判断・表現	主体的に学習に取り組む態度
○知識 ①体つくり運動では，自己のねらいに応じて，効果的な成果を得るための適切な運動の行い方があることについて，言ったり書き出したりしている。 ②体力の構成要素は，健康に生活するための体力と運動を行うための体力に密接に関係していることについて，言ったり書き出したりしている。 ③実生活への取り入れ方には，自己のねらいに応じた様々な運動の計画などがあることについて，言ったり書き出したりしている。 ・課題解決の方法には，自己に応じた目標の設定，目標を達成するための課題の設定，課題解決のための運動例の選択とそれに基づく計画の作成及び実践，学習成果の確認，新たな目標の設定といった過程があることについて，言ったり書き出たりしている。	○運動 （体ほぐしの運動） ・のびのびとした動作で用具などを用いた運動を行うことを通して，気付いたり関わり合ったりすること。 ・リズムに乗って心が弾むような運動を行うことを通して，気付いたり関わり合ったりすること。 ・緊張したり，緊張を解いて脱力したりする運動を行うことを通して，気付いたり関わり合ったりすること。 ・いろいろな条件で，歩いたり走ったり飛び跳ねたりする運動を行うことを通して，気付いたり関わり合ったりすること。 ・仲間と協力して課題を達成するなど，集団で挑戦するような運動を行うことを通して，気付いたり関わり合ったりすること。 （実生活に生かす運動の計画） ・体調の維持などの健康の保持増進をねらいとして，各種の有酸素運動や体操などの施設や器具を用いず手軽に行う運動例や適切な食事や睡眠の管理の仕方を取り入れて，卒業後も継続可能な手軽な運動の計画を立てて取り組むこと。 ・生活習慣病の予防をねらいとして，「健康づくりのための身体活動基準2013（厚生労働省）」などを参考に，卒業後も継続可能な手軽な運動の計画を立てて取り組むこと。 ・調和のとれた体力を高めることをねらいとして，体力測定の結果などを参考に，定期的に運動の計画を見直して取り組むこと。 ・競技力向上及び競技で起こりやすいけがや疾病の予防をねらいとして，体力の構成要素を重点的に高めたり，特に大きな負荷のかかりやすい部位のけがを予防したりする運動の組合せ例を取り入れて，定期的に運動の計画を見直して取り組むこと。	①生活様式や体力の程度を踏まえ，自己のねらいに応じた運動の計画を立案している。 ・運動に取り組む場面で，自己や仲間の危険を回避するための活動の仕方を提案している。 ・仲間との話合いの場面で，合意を形成するための調整の仕方を見付けている。 ②体力の程度や性別等の違いを超えて，仲間とともに体つくり運動を楽しむための調整の仕方を見付けている。 ③体つくり運動の学習成果を踏まえて，自己に適した「する，みる，支える，知る」などの運動を生涯にわたって楽しむための関わり方を見付けている。	①体つくり運動の学習に主体的に取り組もうとしている。 ②仲間に課題を伝え合うなど，互いに助け合い高め合おうとしている。 ③一人一人の違いに応じた動きなどを大切にしようとしている。 ・課題解決に向けて話し合う場面で，合意形成に貢献しようとしている。 ・危険の予測をしながら回避行動をとるなど，健康・安全を確保している。

※表中の○囲み数字は，当該単元の評価規準を示している。
※運動については，評価の対象ではないが指導内容を明確にするため記載している。

4　体つくり運動における指導と評価の計画の例

　本事例は前期に5時間，後期に5時間の一まとまりで単元を構成している。

図2　それ以降の年次における指導と評価の計画

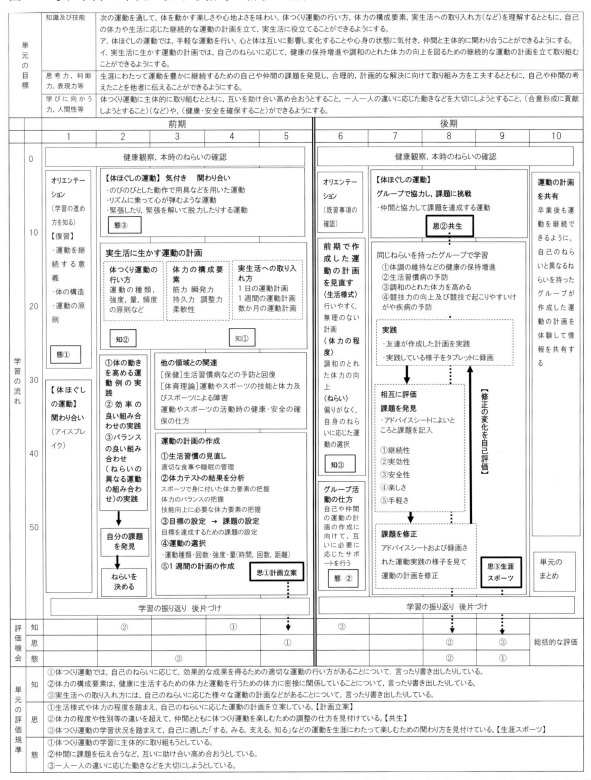

　体ほぐしの運動は，前期では一人一人の違いに応じた動きを大切にしながら手軽な運動を，後期では集団で挑戦する運動などを行い，体力の違いや性別等の違いを超えて，仲間とともに楽しむための調整の仕方を見付けることを促す。実生活に生かす運動の計画は，前期では入学年次とその次の年次に学習してきた内容や保健及び体育理論で学習した内容

との関連を確認しながら，主に個人で運動の計画を作成する活動を行う。生徒が作成した運動の計画は，後期の授業が始まるまで主体的な取り組みを促す。後期では，期間が空いているため，再度オリエンテーションを行い，実際に取り組んだ運動の計画が自己のねらいに応じた運動であったかなどを確認する。次に同じねらいをもったグループでお互いが作成した運動の計画を実践し，タブレット等に録画する。それらをグループ内でよい点や課題を指摘し合い，他者からのアドバイスや他者のよいところを参考にして各自の運動の計画をさらに修正していく。10時間目には，卒業後にも運動を継続することができるように，自己のねらいと異なるねらいを持ったグループが作成した運動の計画例を実践して，将来の変化に応用できるように作成した計画や修正のポイント等の情報を共有する。

5 「思考・判断・表現」の観点別学習状況の評価の考え方

　解説において，思考力，判断力，表現力等とは，「運動などについての自己や仲間の課題や豊かなスポーツライフを継続するための課題を発見し，合理的，計画的な解決に向けて思考し判断する力を養うとともに，学習したことを基に，解決の仕方や気付いたこと等について自己や仲間の考えたことを他者に伝える力」（解説P.31参照），「各領域における学習課題に応じて，これまでに学習した内容を学習場面に適用したり，応用したりすることである」（解説P.35参照）と示されている。

　本事例では「生活様式や体力の程度を踏まえ，自己のねらいに応じた運動の計画を立案している」という評価規準を，自己の状況を分析する際の知識，運動の計画の立案に関する知識や他の領域の既習の知識を踏まえ，自己のねらいに応じた運動の計画となっているかという視点から，実現状況を判断することとした。また，これまで学習した体つくり運動の知識，関連する保健，体育理論，運動に関する領域における知識も含めて，概念的知識と具体的知識を関連付けて活用しているかを判断の目安にした。このことから，運動の計画に関連する知識の整理表（表3）を評価の判断の際の資料として作成し，担当者間で共有することで評価の妥当性，信頼性を高めるよう配慮している。そのため，生活様式や体力の程度の分析の妥当性，自己の目的を実現するための運動の立案の具体性や実現可能性の程度を検討できる評価材料の収集を工夫することとした。

表3　運動の計画に関連する知識の整理表

		指導事項	
		概念的知識	具体的知識
（あ）自己の状況を分析する際の知識	生活様式	実生活で運動を継続するためには，行いやすいこと，無理のない計画であることなどが大切であること	・学校や登校時・下校時，家庭などの行動を考慮した1日の運動計画があること ・行う運動の頻度や平日と週末を考慮した1週間の運動計画があること ・四季及び授業期間や長期休業期間を考慮した数か月の運動計画があること
	体力の程度	自己の体力の状況を把握した上で，運動の計画を立てることが重要であること	・体力測定の結果などを参考に把握すること ・新体力テストなどの測定結果を利用する際には，成長の段階よって発達に差があること
	自己のねらい	体力や生活の違いなどの個人個人のねらいに応じること	・健康の保持増進，生活習慣病の予防，調和のとれた体力を高めるなどの「健康」に生活するための体力」，競技力の向上及びけがや疾病の予防などの「運動を行う体力」などがあること

（い）本単元で学習する知識	運動の計画の立案	どのようなねらいをもつ運動か，偏りがないか，自分に合っているかなどの運動の原則があること	・適切な運動の種類，強度，量，頻度の原則 ・体力の構成要素として筋力，瞬発力，持久力，調整力，柔軟性があること ・自己に応じた目標の設定，目標を達成するための課題の設定，課題解決のための運動例の選択とそれに基づく計画の作成及び実践，学習の記録や体力測定などによる学習成果の確認，新たな目標の設定といった過程があること
（う）他の領域や既習の知識	既習の内容	ねらいに応じて，健康の保持増進や調和のとれた体力の向上を図るための運動の計画を立て取り組むこと	・運動を継続する意義　・体の構造 ・運動の原則　　・行いやすい運動の選択 ・自らの実生活を踏まえた無理のない計画の立案
	体育理論	運動やスポーツの技能を発揮する際には，個々の技能に関連した体力を高めることが必要になることや期待される成果に応じた技能や体力の高め方があること	・個人の体力に不適切で過度な負荷や一定部位への長期的な酷使は，けがや疾病の原因となる可能性があること ・けがや疾病の予防をすることで，スポーツが末永く継続できること
	保健	健康の保持増進と生活習慣病などの予防と回復には，運動，食事，休養及び睡眠の調和のとれた生活の実践が必要であること（現代社会と健康）	・日常生活にスポーツを計画的に取り入れることは生活習慣病などの予防と回復に有効であること ・運動や食事について個人による将来の健康課題があること

6　評価材料の収集の工夫（ＩＣＴの活用例）

　本事例では，思考・判断・表現の①「生活様式や体力の程度を踏まえ自己のねらいに応じた運動の計画を立案している」の評価に際して，ＩＣＴを活用して評価情報を収集するとともに電子ポートフォリオとして記録を蓄積し，その情報を活用して効果的，効率的に評価できるよう工夫した。

図３　ＩＣＴを活用した指導と評価の過程及び評価情報の収集の機会

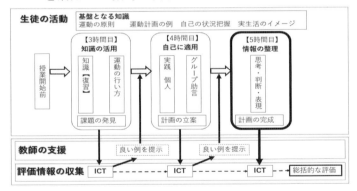

　生徒は３時間目に発見した課題を入力，４時間目には運動の計画を立案した際に工夫した点を入力する。教師は入力内容を確認し，生徒全体によい例を提示し，不十分な生徒については，個別にコメントを返すなど学習の改善を促したり，教師の指導の手立てを修正したりする。生徒はよい例を参考に自身の運動の計画を見直し，不十分であった生徒は返されたコメントを参考に運動の計画を見直していく。５時間目が評価機会となるが，作成した運動の計画を記入したワークシートの提出とともに，これまで学習した運動を計画する際に用いる知識や，自身の目的に対してどのような計画をしたのかなど，思考し，判断したことについて説明を入力させることとした。図４は，生徒が入力するフォームの例である。

図4　生徒の入力フォーム例

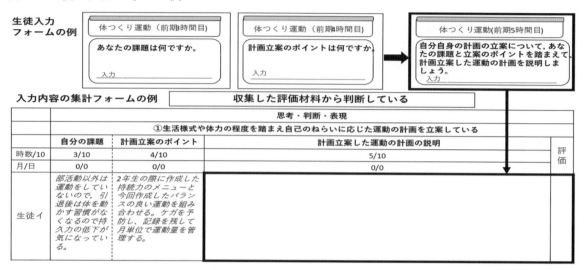

入力内容の集計フォームの例　　　　収集した評価材料から判断している

			思考・判断・表現	
			①生活様式や体力の程度を踏まえ自己のねらいに応じた運動の計画を立案している	
	自分の課題	計画立案のポイント	計画立案した運動の計画の説明	評価
時数/10	3/10	4/10	5/10	
月/日	0/0	0/0	0/0	
生徒イ	部活動以外は運動をしていないので、引退後は体を動かす習慣がなくなるので持久力の低下が気になっている。	2年生の際に作成した持続力のメニューと今回作成したバランスの良い運動を組み合わせる。ケガを予防し、記録を残して月単位で運動量を管理する。		

7　実現状況の判断の目安の検討と具体例

　ワークシートへの記入情報から，実現状況を判断する際には，運動の計画に関連する知識の整理表（表3）をもとに，図5のように，(あ)自己の状況を分析する際の知識を活用し，生活様式，体力の程度を踏まえた自己のねらいを決定した記述，(い)本単元で学習する知識を活用した，運動の計画を立案した記述及び(う)他の領域，既習の知識が活用されている記述を，「おおむね満足できる」状況（B）と判断した。「十分満足できる」状況（A）は，(あ)，(い)，(う)の内容が関連付けられ，根拠や具体策の趣旨に一貫性や，実現性の高い記述がみられる場合とした。また，(あ)と(い)の関連性が判断できない場合や，(あ)と(い)は関連しているが，根拠が不明確な場合などを「努力を要する」状況（C）と判断している。

図5　評価規準①「生活様式や体力の程度を踏まえ，自己のねらいに応じた運動の計画を立案している」の実現状況の判断の目安

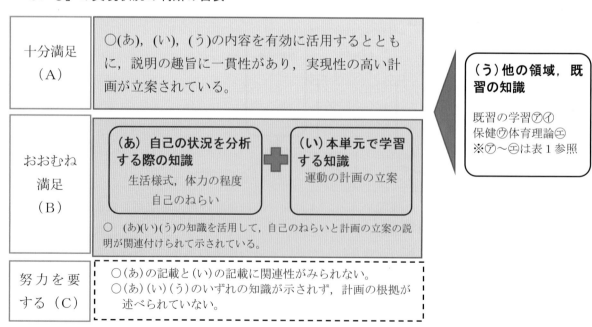

表4　生徒の入力フォーム（5時間目）の記述例と実現状況の判断の具体例

実現状況	生徒の入力フォーム（5時間目）記述例	
「十分満足 できる」状況 （A）	①部活動以外であまり運動をしていないため，引退後の運動習慣に役立つよう1週間の計画を考えた。②無理なく継続できることが卒業後にもつながるし，健康増進にも役立つので，体の柔らかさを高める運動を効率よく組み合わせた計画とバランスよく体力の要素を取り入れた計画を作成した。③3ヶ月ごとに運動例を見直す予定である。	①　(あ)自己の目的の分析に将来の視点がみられる ②　(い)(う)運動の計画の知識の応用，保健学習の視点 ③　(あ)運動の計画の見直し 上記①～③の記載より，(あ)～(う)の知識を有効に活用し立案していると判断
「おおむね満足できる」状況（B）	①部活動以外であまり運動をしていないため，パワーアップを目的に力強さを高める運動で計画を作成した。 ②運動の計画では，ベンチプレスやスクワットを取り入れた。安全を考え，ストレッチから始めるようにして，③実施の間には，十分な休憩を入れるよう計画した。	①　(あ)自己の目的の分析と計画作成の根拠がやや不明確と判断 ②　(い)運動の計画の知識の応用が限定的 ③　(う)運動の計画の知識で安全の確保の記載 上記①～③の記載より，分析に不十分さはあるが，(あ)～(う)の視点を踏まえた立案と判断
「努力を要する」状況（C）	①部活動以外であまり運動をしていないため，いろいろな運動をしたほうがよいと考えた。②授業の資料で提示されたメニューの中から，肩と腕のストレッチ，腕立て，スクワットを取り入れて計画した。	①　(あ)自己の目的の分析と計画作成に根拠となる知識の活用が読み取れない ②　(い)運動の計画の際の選択の理由が読み取れない 上記①～②の記載より，(あ)，(い)の視点ともに，説明の根拠が不十分と判断 また，(う)の視点が示されていない

8　学期をまたいで実施した体つくり運動の評価を2学期に集約する例

　本事例は1学期に前期として5時間，2学期に後期として5時間の計10時間の授業を計画している。各学期で行った評価を2学期の総括に含めることを事前に申し合わせ，集約しており，ICTを活用した評価情報の収集や観点別学習状況の評価への総括を効率的に実施できるシステムを共有化している。

図6　学期をまたいで実施した体つくり運動の評価を2学期に集約する例

単元名	体つくり運動(前期)	体つくり運動(後期)	
	思考・判断・表現	思考・判断・表現	
観点	①	②	③
生徒イ	A	A	B
生徒ロ	B	B	B

		体つくり運動(総括)	
時間数		10	
項目		評価	観点数
生徒イ	知	B（2）	3
		B（2）	
		A（3）	
	技	/	/
	思	A（3）	3
		A（3）	
		B（2）	
	態	A（3）	3
		B（2）	
		A（3）	

※（　）内の数値はAを3，Bを2とした場合

- 83 -

キーワード　「主体的に学習に取り組む態度」の評価

　～単元におけるカリキュラム・マネジメントの視点を踏まえた「共生」の指導と評価　～

単元名	内容のまとまり
球技（ネット型：バレーボール） 　その次の年次	その次の年次以降 　「Ｅ　球技」

　本事例は，その次の年次における男女共習で実施する球技について，「学びに向かう力，人間性等」に示された「一人一人の違いに応じたプレイなどを大切にしようとすること（共生）」の指導を行う際に，関連した指導内容である「競技会で，ゲームのルール，運営の仕方や役割に応じた行動の仕方，全員が楽しむためのルール等の調整の仕方などがあること(知識)」と「体力や技能の程度，性別等の違いを超えて，仲間とともに球技を楽しむための調整の仕方を見付けること(思考力，判断力，表現力等)」について，単元におけるカリキュラム・マネジメントの視点から関連付けながら，指導と評価の充実を図った例である。

1　単元の目標（その次の年次）の設定　〔球技：ネット型〕

（1）　次の運動について，勝敗を競ったりチームや自己の課題を解決したりするなどの多様な楽しさや喜びを味わい，技術などの名称や行い方，（体力の高め方），（課題解決の方法），競技会の仕方などを理解するとともに，作戦や状況に応じた技能で仲間と連携しゲームを展開することができるようにする。

　　イ　ネット型では，状況に応じたボール操作や安定した用具の操作と連携した動きによって空間を作り出すなどの攻防をすることができるようにする。

（2）　生涯にわたって運動を豊かに継続するためのチームや自己の課題を発見し，合理的，計画的な解決に向けて取り組み方を工夫するとともに，自己やチームの考えたことを他者に伝えることができるようにする。

（3）　（球技に主体的に取り組むとともに），（フェアなプレイを大切にしようとすること），（合意形成に貢献しようとすること），一人一人の違いに応じたプレイなどを大切にしようとすること，（互いに助け合い高め合おうとすること）（など）や，健康・安全を確保することができるようにする。

　※本事例では，学習指導要領「2　内容」を踏まえ，その次の年次以降の目標を全て記載した上で，それ以降の年次で指導し評価する部分については，（　）を付けて単元の目標を設定している。

2　その次の年次における「単元の評価規準」の設定

　解説に示された例示等を踏まえ，その次の年次以降の「球技」の全ての「単元の評価規準」を作成した。次に，事例1で示した指導内容の重点化の考え方を踏まえるとともに，入学年次での学習状況を考慮し，その次の年次のネット型：バレーボール 24 単位時間の「単元の評価規準」を設定している。

　なお，表1に全ての「単元の評価規準」を示すとともに，本単元の評価規準については，○囲み数字を付して表している。

表1 その次の年次以降「球技」の全ての「単元の評価規準」

知識・技能		思考・判断・表現	主体的に学習に取り組む態度
○知識 ①球技では，各型の各種目の局面ごとに技術や戦術，作戦の名称があり，それぞれの技術，戦術，作戦には，攻防の向上につながる重要な動きのポイントや安全で合理的，計画的な練習の方法があることについて，学習した具体例を挙げている。 ・球技の型や種目によって必要な体力要素があり，その型や種目の技能に関連させながら体力を高めることができることについて，言ったり書き出したりしている。 ・課題解決の方法には，チームや自己に応じた目標の設定，目標を達成するための課題の設定，課題解決のための練習法などの選択と実践，ゲームなどを通した学習成果の確認，新たな目標の設定といった過程があることについて，言ったり書き出したりしている。 ②競技会で，ゲームのルール，運営の仕方や役割に応じた行動の仕方，全員が楽しむためのルール等の調整の仕方などがあることについて，学習した具体例を挙げている。	○技能 イ ネット型 ①サービスでは，ボールに変化をつけて打つことができる。 ・ボールを相手側のコートの守備のいない空間に緩急や高低などの変化をつけて打ち返すことができる。 ・ボールに回転をかけて打ち出したり，回転に合わせて返球したりすることができる。 ②変化のあるサーブに対応して，面を合わせてレシーブすることができる。 ・移動を伴うつなぎのボールに対応して，攻撃につなげるための次のプレイをしやすい高さと位置にトスを上げることができる。 ・仲間と連動してネット付近でボールの侵入を防いだり，打ち返したりすることができる。 ③ボールをコントロールして，ネットより高い位置から相手側のコートに打ち込むことができる。 ・チームの作戦に応じた守備位置から，拾ったりつないだり打ち返したりすることができる。 ・ラリーの中で，相手の攻撃や味方の移動で生じる空間をカバーして，守備のバランスを維持する動きをすることができる。 ④相手の攻撃の変化に応じて，仲間とタイミングを合わせて守備位置を移動することができる。 ・仲間と連携した攻撃の際に，ポジションに応じて相手を引き付ける動きをすることができる。 ※ア：ゴール型，ウ：ベースボール型は省略	・選択した運動について，チームや自己の動きを分析して，良い点や修正点を指摘している。 ①課題解決の過程を踏まえて，チームや自己の新たな課題を発見している。 ・チームや自己の課題を解決するための練習の計画を立てている。 ・練習やゲームの場面で，チームや自己の危険を回避するための活動の仕方を提案している。 ・練習やゲームを行う場面で，チームや自己の活動を振り返り，よりよいマナーや行為について提案している。 ・チームでの学習で，状況に応じてチームや自己の役割を提案している。 ・チームでの話合いの場面で，合意を形成するための調整の仕方を見付けている。 ②体力や技能の程度，性別等の違いを超えて，仲間とともに球技を楽しむための調整の仕方を見付けている。 ・球技の学習成果を踏まえて，自己に適した「する，みる，支える，知る」などの運動を生涯にわたって楽しむための関わり方を見付けている。	・球技の学習に主体的に取り組もうとしている。 ・フェアなプレイを大切にしようとしている。 ・作戦などを話し合う場面で，合意形成に貢献しようとしている。 ①一人一人の違いに応じたプレイなどを大切にしようとしている。 ・仲間の課題を指摘するなど，互いに助け合い高め合おうとしている。 ②危険の予測をしながら回避行動をとるなど，健康・安全を確保している。

※表中の○囲み数字は，当該単元の評価規準を示している。

3 解説における「学びに向かう力，人間性等」の指導内容等の整理

科目体育においては，「学びに向かう力，人間性等については，各領域において愛好的態度及び健康・安全は共通の事項とし，公正（伝統的な行動の仕方），協力，責任，参画，共生の中から，各領域で取り上げることが効果的な指導内容を重点化して示している」（解説 P.39 参照）と示されており，球技では，公正，協力，参画，共生などが重点化され示されている。また，「例えば，協力の場面や行動の仕方の例などの具体的な知識と，なぜ協力するのかといった協力することの意義などの汎用的な知識を関連させて指導することで，生徒自身の主体性を促し，生涯にわたって豊かなスポーツライフを実現していく資質・能力の育成を図ることが大切である」とされている（解説 P.39 参照）。

これらのことから，表2では，「学びに向かう力，人間性等」について，学習指導要領に示された指導事項について，解説の指導内容の表記から，具体的な知識と汎用的な知識を整理し，どのような行動の様子を評価するのか（○指導のキーワードと■想定される学び姿の例）をあらかじめ教師間で検討し共通理解を図ることで学習評価の信頼性，妥当性を確保することとした。

表2　その次の年次以降の球技における「学びに向かう力，人間性等」の指導内容等の整理

学びに向かう力，人間性等	指導内容	解説表記		○指導のキーワード ■想定される学びの姿の例
		具体的な知識	汎用的な知識	
愛好的態度	球技の学習に主体的に取り組もうとすること。	「する，みる，支える，知る」などの学習に主体的に取り組もうとすること。	主体的に学習に取り組むことは，生涯にわたる豊かなスポーツライフの継続につながること。	○主体的 ○する，みる，支える，知る ■単元全体を通した球技の学習への取り組む姿
公正	フェアなプレイを大切にしようとすること。	決められたルールや自分たちで決めたルール及びマナーを単に守るだけではなく，練習やゲームで相手のすばらしいプレイを認めたり，相手を尊重したりするなどの行動を通して，フェアなプレイを大切にしようとすること。	ルールやマナーを大切にすることは，スポーツの価値を高めるとともに，自己形成に役立つこと。	○すばらしいプレイを認める ○相手を尊重する ○フェアなプレイを大切にしようとする ■審判の判定や勝敗の結果にかかわらず他者のプレイを認めようとする姿 ■ルールの遵守を前提として，さらに仲間や相手を尊重して接しようとする姿
協力	仲間の課題を指摘するなど，互いに助け合い高め合おうとすること。	練習やゲームを行う際に，仲間や他のチームと互いに練習相手になったり，運動観察を通して仲間の課題を指摘し合ったり，課題解決のアイデアを伝え合ったりするなどの活動に自ら取り組もうとすること。	互いに助け合い高め合うことは，安全を確保し事故を未然に防ぐことや課題の解決に向けて自ら計画を立てて活動するなど主体的な学習を行いやすくすること，共通の目標に向けて共に切磋琢磨する仲間をもつこと，自らの運動の継続に有効であること。	○練習相手になる ○課題を指摘する ○アイデアを伝える ■事故を未然に防ぐために他者と連携する姿 ■課題解決のために利益に関わらず他者と連携する姿 ■仲間や他者などへの肯定的な働きかけの姿
（責任）	（役割を積極的に引き受け自己の責任を果たそうとすること。）	練習やゲームを行う際に，仲間と活動を行う上で必要な役割を作ること，仲間と合意した役割を積極的に引き受け，責任をもって自ら取り組もうとすること。	役割を積極的に引き受け自己の責任を果たそうとすることは，社会生活を過ごす上で必要な責任感を身に付けることにつながるとともに，持続可能な社会の実現に貢献することにつながること。	○必要な役割を作る ○役割を積極的に引き受ける ■仲間と合意した役割などに対して，不得手な役割であっても自発的に引き受けたり，引き受けた責任を誠実に果たそうとする姿
参画	作戦などを話し合う場面で，合意形成に貢献しようとすること。	チームや自己の課題の解決に向けた練習方法や作戦について話し合う場面で，対立意見が出た場合でも仲間を尊重し相手の感情に配慮しながら発言したり，提案者の発言に同意を示したりして建設的な話合いを進めようとすること。	合意形成に貢献しようとすることは，相互の信頼関係を深めることにつながるとともに，自己形成に役立つこと。	○仲間を尊重する ○相手の感情に配慮する ○発言に同意する ○建設的な話合いを進める ■相手の感情に配慮した発言の姿 ■チームで課題がみられる場合に，解決策を提起する姿 ■他者の意見にも耳を傾ける姿
共生	一人一人の違いに応じたプレイなどを大切にしようとすること。	体力や技能の程度，性別や障害の有無等に応じて，チームや自己の状況に合った実現可能な課題の設定や挑戦及び練習の仕方やルールの修正などを大切にしようとすること。	一人一人の違いに応じたプレイなどを大切にしようとすることは，スポーツに参加しやすい環境を作ることにつながるとともに，スポーツを通した共生社会の実現につながること。	○実現可能な課題の設定や挑戦，練習の仕方やルールの修正を大切にする ■自他との関わりの中で，違いを可能性として捉え，個々の違いに配慮しようとしている姿
健康・安全	危険の予測をしながら回避行動をとるなど，健康・安全を確保すること。	主体的な学習の段階では，体調や環境の変化に注意を払いながら運動を行うこと，けが等を未然に防ぐために必要に応じて危険の予測から回避行動をとることなど，自己や仲間の健康を維持したり安全を保持したりすること。	自己の体力の程度・体調や環境の変化に応じてけが等を回避するための適正な運動量やとるべき行動を認識し，念頭に置いて活動することで，健康・安全を確保することにつながることを理解し，取り組めるようにすること。	○危険を予測して回避行動をとる ○健康を維持する ○安全を保持する ■自己や仲間の体調や環境の変化に注意を払っている姿 ■事前の安全対策や学習途中でも危険を察知したときに，自身の行動とともに，他者への注意喚起を促す言動や行動をとる姿

4　指導と評価を一体的に捉えるための指導内容のカリキュラム・マネジメント

（1）単元の指導と評価の計画の作成（図1）

　本事例では，1時間目にオリエンテーションを実施し，2時間目から5時間目までは入学年次の学び直しの時間を設定している。これは，入学年次にネット型（バレーボール）を選択している生徒と高等学校入学以降初めて選択する生徒が混在しているため，教師が生徒の実態を把握することや，学習状況を可能な範囲でそろえることを目的としている。5時間目に「競技会で，ゲームのルール，運営の仕方や役割に応じた行動の仕方，全員が楽しむためのルール等の調整の仕方などがあること。（知）」を取り上げた後，6時間～7時間目は，簡易化したゲームを行い，全員が楽しむためのルール等の調整の仕方等について学習した知識を活用する場面を設定している。さらに共生の指導事項である「一人一人の違いに応じたプレイなどを大切にしようとすること(学)」の指導を8時間目に設定し，9～14時間目に，「体力や技能の程度，性別等の違いを超えて，仲間とともに球技を楽しむための調整の仕方を見付けること(思)」を単元のカリキュラム・マネジメントの視点から関連させて指導することとした。これらの学習を基盤として15時間目～24時間目は，空間を作り出して攻防を楽しむ「球技：ネット型」の特性を味わえるよう単元を構成している。

図1　単元の指導と評価の計画（24時間）

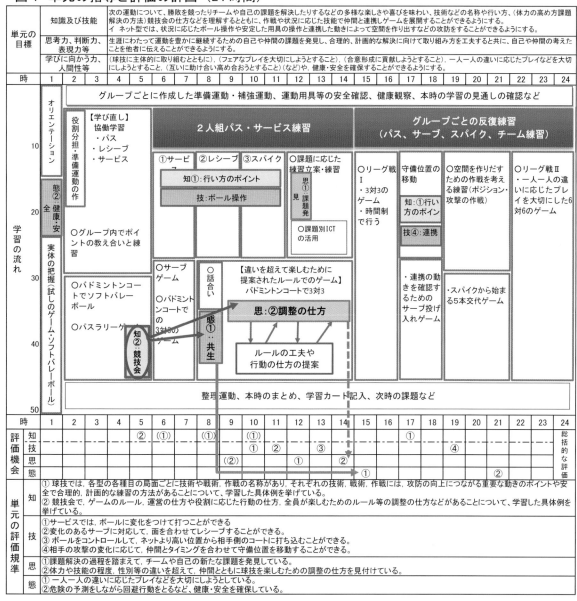

単元の目標	知識及び技能	次の運動について，勝敗を競ったりチームや自己の課題を解決したりするなどの多様な楽しさや喜びを味わい，技術などの名称や行い方，（体力の高め方課題解決の方法）競技会の仕方などを理解するとともに，作戦や状況に応じた技能で仲間と連携しゲームを展開することができるようにする。イ　ネット型では，状況に応じたボール操作や安定した用具の操作と連携した動きによって空間を作り出すなどの攻防をすることができるようにする。
	思考力，判断力，表現力等	生涯にわたって運動を豊かに継続するための自己や仲間の課題を発見し，合理的，計画的な解決に向けて取り組み方を工夫すると共に，自己や仲間の考えたことを他者に伝えることができるようにする。
	学びに向かう力，人間性等	（球技に主体的に取り組むとともに），（フェアなプレイを大切にしようとすること），（合意形成に貢献しようとすること），一人一人の違いに応じたプレイなどを大切にしようとすること，（互いに助け合い高め合おうとすること）（など）や，健康・安全を確保することができるようにする。

時	1	2	3	4	5	6	7	8	9	10	11	12	13	14	15	16	17	18	19	20	21	22	23	24
評価機会 知				②	①		①			①						①								総括的な評価
技									①		②		③					④						
思						(②)				①			②											
態									①											②				

単元の評価規準	知	① 球技では，各型の各種目の局面ごとに技術や戦術，作戦の名称があり，それぞれの技術，戦術，作戦には，攻防の向上につながる重要な動きのポイントや安全で合理的，計画的な練習の方法があることについて，学習した具体例を挙げている。 ② 競技会で，ゲームのルール，運営の仕方や役割に応じた行動の仕方，全員が楽しむためのルール等の調整の仕方などがあることについて，学習した具体例を挙げている。
	技	① サービスでは，ボールに変化をつけて打つことができる ② 変化のあるサーブに対応して，面を合わせてレシーブすることができる。 ③ ボールをコントロールして，ネットより高い位置から相手側のコートに打ち込むことができる。 ④ 相手の攻撃の変化に応じて，仲間とタイミングを合わせて守備位置を移動することができる。
	思	① 課題解決の過程を踏まえて，チームや自己の新たな課題を発見している。 ② 体力や技能の程度，性別等の違いを超えて，仲間とともに球技を楽しむための調整の仕方を見付けている。
	態	① 一人一人の違いに応じたプレイなどを大切にしようとしている。 ② 危険の予測をしながら回避行動をとるなど，健康・安全を確保している。

（２）オリエンテーションにおける指導の重点と評価の説明（１時間目）

　本事例のオリエンテーション（１時間目）では，内容のまとまり全体の球技の学習の流れと，本単元における目標,学習評価の方針や方法について見通しが持てるようにしている。具体的には，その次の年次とそれ以降の年次を通して，卒業後も運動やスポーツに多様な形で関わることができるよう，技能の習得のみならず，生涯スポーツにつながる知識,課題をよりよく解決する方法，安全に留意して全員が楽しむことができる態度などの学習それぞれに主体的に取り組むことが求められることを強調し指導している。

　また，本単元では，「主体的に学習に取り組む態度」のうち，共生と健康・安全を重点として指導し評価すること，加えて評価方法については，　学習カードに記載された取り組むことの意義や求められる実現可能な課題の設定や挑戦及び練習の仕方などの理解の状況も参考としつつ,活動場面における行動や言動を観察することによって行うことを説明している。

（３）競技会におけるルール等の調整の仕方など（知識②）の指導（５時間目）

　本事例では，５時間目に「競技会で，ゲームのルール，運営の仕方や役割に応じた行動の仕方，全員が楽しむためのルール等の調整の仕方などがあること」（知識)について指導している。具体的には，正規のルールで行われるゲームだけでなく，例えば，地域や職場でのレクリエーションとして，あるいは障害のある方と一緒に行うゲームなどのＶＴＲから，ルールや運営の仕方などについて学習している。これらをもとに，６〜７時間目は，体力や技能の程度や性別など，様々な違いがある中で，違いを超えて楽しむための工夫の一例として，プレイヤーの人数とコートの大きさを調整して，バドミントンコートを使用した３対３のゲームを行ない，「共生」の視点について生徒の気付きを促す機会としている。

（４）「共生」の指導（８時間目後半）

　８時間目の後半では，共生の指導の導入として，体力や技能の程度や性別など，様々な違いがある中で，「バレーボールが楽しいと感じる場面や楽しくないと感じる場面にはどのような時があるか」についてグループでの話合いの機会を設定している。表３は話合いの主な記録の例である。

表３　話合いの記録例

楽しいと感じる場面	楽しくないと感じる場面
・ボールがつながってラリーができた時 ・お互いに協力してカバーし合った時 ・勝てなくてもみんなとコミュニケーションが取れた時 ・思い切り打って得点が決まった時 ・ジャンプサーブが決まった時 ・自分が挙げたトスでスパイクが決まった時 ・ミスしても「ドンマイ」と励まされた時	・上手くできず（ミスして），迷惑をかけた時 ・ボールが全く回ってこない時 ・思いっきりプレイができない時 ・特定の人だけでプレイしている時 ・ミスして言葉をかけてもらえない時 ・サーブやスパイクが強くて怖い時

　この話合いをもとに，楽しさには一人一人に違いがあることを確認したところで，５時間目に学習した「違いを超えて楽しむためのルール等の調整の仕方などがあること」の知識を再度確認した。そして，表２に示した具体的な知識と汎用的な知識を取り上げ，様々な違いを超えてバレーボールに楽しく取り組むためには，チームや個人の状況にあった実現可能な課題の設定や挑戦及び練習の仕方やルールの修正などを大切にしようとするなど「一人一人の違いに応じたプレイを大切にしようとすること」が求められることを説明している。

また，「一人一人の違いに応じたプレイを大切にしようとすること」によって，現在及び卒業後に「スポーツに参加しやすい環境を作ることにつながるとともに，スポーツを通した共生社会の実現につながる」という共生の意義や価値についても説明し，「何に取り組むのか」と「なぜ取り組むのか」を関連させて理解を深めている。さらに，次の9時間目からはグループ全員がバレーボールに楽しく取り組むことができるようにするためのルールの修正や実現可能な課題の設定や挑戦及び練習の仕方を考える際に，違いを可能性として捉え，個々の違いに配慮して活動しようとすることが求められることについても強調している。なお，本参考資料第3編第1章2（P.51 参照）に記載のとおり，「主体的に学習に取り組む態度」の評価は，態度の育成等に一定の学習期間が必要となること及びカリキュラム・マネジメントの視点から，本事例では，指導後に一定の学習期間及び評価期間を設け，共生の評価の機会を15時間目に設定している。

（5）思考力，判断力，表現力等を関連させた指導（9～14時間目）

9～14時間目では，5時間目の知識の指導と前時（8時間目）の共生の指導を踏まえ，「体力や技能の程度，性別等を超えて仲間とともに球技を楽しむための調整の仕方を見付けること（思考力，判断力，表現力等）」の指導を行う。正規のルールに捉われることなく，参加者全員が体力や技能の程度，性別等の違いを超えて楽しむためのアイデアをグループごとに出し合わせ，ゲームで実践し，その振り返りから更に修正を図るようにしている。その際，ゲームを簡易化すること以外で，個人の違いに応じた提案も検討するよう促している。10～14時間目にかけて，体験と修正の提案を繰り返し，対戦するチームの全員が合意できるルール等に基づいたゲームに取り組ませている（表4）。

表4　本事例における違いを超えて楽しむためのルールの修正提案の例

体力や技能の程度,性別を超えて楽しむルールの変更（9時間目）	10～14時間目　調整し合意した内容
○用具やコート ・ボールは軽量ボールを使用する ・ネットの高さは話し合いで決める ○ルール ・3対3で行う ・サービスエースの後のサーブはアンダーハンドサーブにする ・全員触球後に相手コートへ返す ・ローテーションをする	・ホームチーム，ビジターチームを交互に決めて，柔らかいボール，軽量ボールなど使用球をホームチームが選択できる ・バレー経験者がいる場合，経験者＋1の2人で行う ・サービスは一人1回に限定する。経験者以外はどこから打ってもよい ・適用する内容はチーム同士で決めてよいこととする

また，同時に「グループ全員が違いを超えてバレーボールに楽しく取り組むことができるようにするための行動の仕方（実現可能な課題の設定や挑戦及び練習の仕方）」についての話合いの場面を設定している。行動の仕方については，共生に係る具体的な知識と汎用的な知識を踏まえているかを教師が確認し，共生（態度）の知識を活用した思考を促す。さらに本時のまとめの場面でアイデアの発表等を行い，新たな考えを統合したりグループ間で指摘したりするなどして，10時間目～14時間目に継続して指導を行う。思考力，判断力，表現力等の指導事項である「体力や技能の程度，性別等を超えて仲間とともに球技を楽しむための調整の仕方を見付けること」の学習評価については，授業を積み重ねながら生徒に気付きを促し，態度の指導と関連を図りながら深めていく必要があることから，本事例では，14時間目に設定している。

5 指導内容を関連付けて共生の態度を涵養するための学習カードの活用と実現状況の判断の目安

（1）共生の視点から総合的に資質・能力を育成するための学習カードの工夫（図2）

　本事例では，8時間目に共生(学びに向かう力，人間性等)の指導を行い，9時間目～14時間目まではルールの修正(思考力，判断力，表現力等)とを関連させ考えさせていく中で，全員が楽しむために，大切にしようとしているプレイやルールの調整の提案及び行動の仕方などの変容を学びのプロセスとして学習カードに記載させ，その後の学習に生かすことができるようにしている（図2）。具体的には，8時間目に記入させた（学習した共生の知識についてメモをしておこう）で，共生の知識として，表2の整理に基づき，キーワードを書き出させている。授業後に8時間目の学習カードの記載状況を確認し，未記入者や誤答がみられる場合には，9時間目にフィードバックをした上で，9時間目から「一人一人の違いに応じたプレイを大切にしようとすること」の行動の仕方について，気付いたことを記入させ，理解したことをもとに行動につなげていけるよう支援を行っている。

図2　生徒が記入する学習カードの例

	8時間目（学習した共生の知識についてメモをしておこう）（網掛け部分が生徒記入箇所）
学びに向かう力，人間性等	・「一人一人の違いに応じたプレイを大切にしようとすること」とはどのようなことですか？ （全員が楽しむことができるようにする）ために，（体力や技能の程度，性別や障害の有無等）に応じて，チームや個人の状況に合った（実現可能な課題の設定や挑戦）及び（練習の仕方）や（ルールの修正）などを大切にしようとすること ・「一人一人の違いに応じたプレイを大切にしようとすること」はどのようなことにつながりますか？ 現在及び卒業後に「スポーツに参加しやすい環境を作ること」「スポーツを通した共生社会の実現」につながる。

		9時間目	10～13時間目	14時間目	15時間目
学びに向かう力，人間性等	違いに応じて大切にしようとしたプレイの仕方		○時間目：		
	その理由		○時間目：		
	教師からの助言				
思考力，判断力，表現力等	個々の違いに関する課題	サーブが強くて怖い			
	ルールの調整のアイデア	経験者のサーブは，二度目はアンダーハンドとする			
	その理由	技能の発揮を調整してもらうことで，苦手でも参加しやすくなると考えるから			
	自分が考えた課題の設定や挑戦や練習の仕方	段階的に強いサーブが拾えるようにだんだん強くしてもらう練習の方法を提案したい			
	教師からの助言				

＊8～15時間目までの「学びに向かう力，人間性等」と「思考力，判断力，表現力等」の抜粋，
　8時間目及び太実線で囲んだ時間は全員記入する。

また，本事例では，この学習カードを「体力や技能の程度，性別等の違いを超えて，仲間とともに球技を楽しむための調整の仕方を見付けている（思②）」を主に評価するための材料として作成したが，共生(態度)の行動のもととなる概念的知識と具体的知識を関連付けて考えさせ，学習のプロセスの記録を振り返ることで共生の態度が涵養されることを意図している。そのため，体力や技能の程度の違いや性別などの多様な視点から，全体のルール変更のみならず一部に適応する修正などの視点もよい修正例として紹介したりするなどして，生徒にフィードバックし，　具体的な課題発見や修正の提案に生かすことができるよう支援している。主体的に学習に取り組む態度の評価については，主に観察評価を行っているが，学習カードに記載した知識を理解した上で「しようとしている」のかを評価の参考材料としている。

（2）「一人一人の違いに応じたプレイなどを大切にしようとしている（態度①共生）」の判断の目安

　本事例では，判断の目安を，表2と合わせて事前に作成（表5）し，「行動の仕方のキーワード」を教師間で合意したうえで最終的に観察によって評価を行っている。

　評価までのプロセスとして，1時間目のオリエンテーションで判断の目安を説明し，生徒が学習の見通しを立てることができるようにしている。また，8時間目（学習した共生の知識についてメモをしておこう）の記載状況を確認し，すべての生徒が記入できるよう支援をしている。それらの学習を活用したうえで主体的な行動の仕方につながっているかを判断する手がかりとして，図2の学びに向かう力，人間性等の下段の15時間目に「心がけたこと」を記載させ，共生の意義や価値（概念的知識）と行動の仕方(具体的知識)の記載状況についても判断の目安に加味し，総合的に判断している。

第3編
事例4

表5　「一人一人の違いに応じたプレイなどを大切にしようとしている」の実現状況を判断する目安

実現状況	行動の仕方のキーワード	想定される様相
「十分満足できる」状況（A）	※定着している	・共生の意義や価値及び行動の仕方を理解し，個々の違いへの配慮や，可能な限り実現可能なプレイを行うなど，単元を通して共生の視点での発言や働きかけが安定してみられる。
	※建設的に考えようとしている，気遣おうとしている	・ミスした時やうまくできなかった時に，一人一人の違いを踏まえて，自己や他者への建設的な発言や働きかけがみられる。 ・共生の意義及び自身の行動の仕方に対しての具体的な記述が確認され，体力や技能の程度，性別などに関わらず気遣いがみられる。
「おおむね満足できる」状況（B） 一人一人の違いに応じたプレイなどを大切にしようとしている	※知識を規範に行動しようとする，受け入れようとする，思いを統制しようとする	・実現可能な課題の設定や挑戦を大切しようとする大切さを理解し，他者との違いを受け入れている様子が確認される。 ・仕方なくという場面も見られるが，理解したことを基に互いのプレイの違いを受け入れている。 ・教師の手立てや自身の振り返りや他のグループとの意見交換などから，単元終盤では，互いの違いに配慮し思いを統制するなどして取り組む様子がみられる。
「努力を要する」状況（C）	※逃避しようとする，敬遠しようとする，無視する，あきらめる	・他者の立場や状況への配慮がなく，自己のプレイに固執し修正したルールを無視しようとする様子がみられる。 ・一人一人の違いが生じている状況でも，関わりを遠ざけたり，あきらめたりするなど消極的な姿勢が教師の働きかけの後もみられる。
	※排除しようとする，嫌悪する，否定する，批判する	・共生への理解が生かされず，他者のプレイを排除したり嫌悪したりする言動や行為がみられる。 ・教師が働きかけを行っても，他者の意欲を低下させる否定や批判などの発言や行動が継続する。

「〔科目〕の評価規準」を作成する際の手順（専門学科　体育）

1　高等学校体育科の科目及び指導項目

高等学校体育科における科目及び〔指導項目〕は，以下のようになっている。

第1　スポーツ概論・・・科目（例）
　（1）スポーツの文化的特性や現代におけるスポーツの発展・・・〔指導項目〕（例）
　（2）スポーツの効果的な学習の仕方
　（3）豊かなスポーツライフの設計の仕方
　（4）スポーツの多様な指導法と健康・安全
　（5）スポーツの企画と運営
第2　スポーツⅠ
　（1）採点競技への多様な関わり方
　（2）測定競技への多様な関わり方
第3　スポーツⅡ
　（1）ゴール型球技への多様な関わり方
　（2）ネット型球技への多様な関わり方
　（3）ベースボール型球技への多様な関わり方
　（4）ターゲット型球技への多様な関わり方
第4　スポーツⅢ
　（1）武道への多様な関わり方
　（2）諸外国の対人的競技への多様な関わり方
第5　スポーツⅣ
　（1）創造型ダンスへの多様な関わり方
　（2）伝承型ダンスへの多様な関わり方
第6　スポーツⅤ
　（1）自然体験型の野外の運動への多様な関わり方
　（2）競技型の野外の運動への多様な関わり方
第7　スポーツⅥ
　（1）体つくり運動への多様な関わり方
　（2）目的に応じた心身の気付きや交流を深めるための運動の仕方
　（3）ライフステージ及びライフスタイルに応じた体操や運動の計画の立て方
第8　スポーツ総合演習
　（1）スポーツの多様な理論や実践に関する課題研究
　（2）**スポーツの多様な指導や企画と運営に関する課題研究**
　（3）スポーツを通した多様な社会参画に関する課題研究

＊3編（事例5）で取り上げる予定の科目の〔指導項目〕はゴシックで記載している。

第3編
事例5

2　高等学校体育科における「〔科目〕の評価規準」作成の手順

（1）科目の単位数を確認する

　体育科の科目はスポーツ概論，スポーツⅠ～Ⅵ，スポーツ総合演習で構成されている。それぞれの科目における指導と評価の計画の作成に当たっては，高等学校学習指導要領「総則」で示された以下の内容を踏まえた上で，「専門教科『体育』の科目構成及び内容と内容の取扱い」（表１）に従い，各設置者が標準単位数を定めている。

〔高等学校学習指導要領第１章総則第２款３（１）ウ〕

ウ　主として専門学科において開設される各教科・科目

　　各学校においては，教育課程の編成に当たって，次の表に掲げる主として専門学科（専門教育を主とする学科をいう。以下同じ。）において開設される各教科・科目及び設置者の定めるそれぞれの標準単位数を踏まえ，生徒に履修させる各教科・科目及びその単位数について適切に定めるものとする。

〔高等学校学習指導要領第１章総則第２款３（２）イ〕

(ア) 専門学科においては，専門教科・科目（（1）のウの表に掲げる各教科・科目，同表に掲げる教科に属する学校設定科目及び専門教育に関する学校設定教科に関する科目をいう。以下同じ。）について，全ての生徒に履修させる単位数は，25 単位を下らないこと。（下略）

表1　**専門学科「体育」の科目構成及び内容と内容の取扱い**

科目及び内容	内容の取扱い			
	入学年次	その次の年次	その以降の年次	各科目
【スポーツ概論】 (1) スポーツの文化的特性や現代におけるスポーツの発展 (2) スポーツの効果的な学習の仕方 (3) 豊かなスポーツライフの設計の仕方 (4) スポーツの多様な指導法と健康・安全 (5) スポーツの企画と運営	必修	必修	必修	(1)～(5) 必修
【スポーツⅠ】 (1) 採点競技への多様な関わり方 (2) 測定競技への多様な関わり方	スポーツⅠ，Ⅱ，Ⅲ，Ⅳから①以上選択	スポーツⅠ，Ⅱ，Ⅲ，Ⅳから①以上選択	スポーツⅠ，Ⅱ，Ⅲ，Ⅳから①以上選択	(1)又は(2)を選択
【スポーツⅡ】 (1) ゴール型球技への多様な関わり方 (2) ネット型球技への多様な関わり方 (3) ベースボール型球技への多様な関わり方 (4) ターゲット型球技への多様な関わり方				(1)～(4)から①以上選択
【スポーツⅢ】 (1) 武道への多様な関わり方 (2) 諸外国の対人的競技への多様な関わり方				(1)又は(2)を選択
【スポーツⅣ】 (1) 創造型ダンスへの多様な関わり方 (2) 伝承型ダンスへの多様な関わり方				(1)又は(2)を選択
【スポーツⅤ】 (1) 自然体験型の野外の運動への多様な関わり方 (2) 競技型の野外の運動への多様な関わり方	必修	必修	必修	(1)又は(2)を選択
【スポーツⅥ】 (1) 体つくり運動への多様な関わり方 (2) 目的に応じた心身の気付きや交流を深めるための運動の仕方 (3) ライフステージ及びライフスタイルに応じた体操や運動の計画の立て方	必修	必修	必修	(1)は入学年次(2)及び(3)はその次の年次以降
【スポーツ総合演習】 (1) スポーツの多様な理論や実践に関する課題研究 (2) スポーツの多様な指導や企画と運営に関する課題研究 (3) スポーツを通した多様な社会参画に関する課題研究	必修	必修	必修	(1)～(3)から①以上選択

（2）評価規準の作成の手順（概要）

　各学校では，上記に従い，各学校で設定した単位数を踏まえ，指導と評価の計画を作成することとなる。体育科の評価規準の作成に当たっては，次の考え方（図1）を踏まえて検討することが考えられる。

図1　専門学科「体育科」における評価規準の作成の手順（概要）

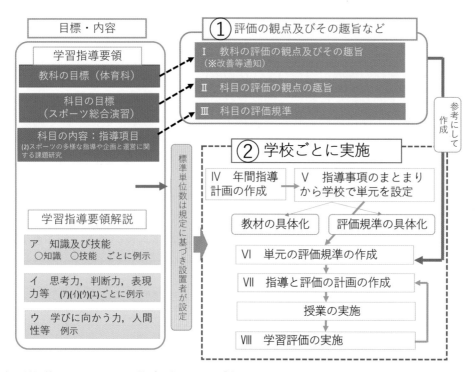

　学習指導要領において体育科では，「教科の目標」に続けて，「科目の目標」「科目の内容」「内容の取扱い」を示している。各科目の内容は，学習指導要領において包括的に「指導項目」として示しており，更に解説では各科目において育成する資質・能力を，「ア　知識及び技能」，「イ　思考力，判断力，表現力等」，「ウ　学びに向かう力，人間性等」で整理している。

　一方，学習指導要領に示された教科の目標を踏まえて，改善等通知において「評価の観点及びその趣旨」が示されている。また，本参考資料では，科目の目標に対する「評価の観点の趣旨（例）」と指導項目に対する「Ⅲ科目の評価規準」の作成例を示している。これは，図1の　①評価の観点及びその趣旨など　に該当する。

　各学校においては，これらのことを踏まえ，図1の　②学校ごとに実施　に該当するローマ数字Ⅳ〜Ⅵの手順で単元の評価規準を作成することが考えられる。

Ⅳ　体育科では各設置者に応じて標準単位数が異なることから，設定した単位数に応じて具体的な指導内容を設定するとともに年間指導計画を作成する。

Ⅴ　作成した年間指導計画に基づき，指導事項のまとまりから指導内容を重点化して単元を設定する。

Ⅵ　当該単元における指導内容を踏まえ，作成した科目の評価規準から選ぶなどして，単元の評価規準を作成する。

（3）評価規準の作成の具体

　これ以降，科目「スポーツ総合演習」の(2)　「スポーツの多様な指導や企画と運営に関する課題研究」を取り上げて，　「〔科目〕の評価規準」作成の手順の具体を説明する。

＜例　スポーツ総合演習　指導項目　(2)スポーツの多様な指導や企画と運営に関する課題研究　＞

【学習指導要領　第3章　第10節　体育「第1款 目標」】

　体育の見方・考え方を働かせ，課題を発見し，主体的，合理的，計画的な解決に向けた学習過程を通して，心と体を一体として捉え，健やかな心身の育成に資するとともに，生涯を通してスポーツの推進及び発展に寄与する資質・能力を次のとおり育成することを目指す。

(1)	(2)	(3)
スポーツの多様な意義やスポーツの推進及び発展の仕方について理解するとともに，生涯を通してスポーツの推進及び発展に必要な技能を身に付けるようにする。	スポーツの推進及び発展についての自他や社会の課題を発見し，主体的，合理的，計画的な解決に向けて思考し判断するとともに，他者に伝える力を養う。	生涯を通してスポーツを継続するとともにスポーツの推進及び発展に寄与することを目指し，明るく豊かで活力ある生活を営む態度を養う。

（高等学校学習指導要領P.442より様式を一部改変）

【改善等通知　別紙5　各教科等の評価の観点及びその趣旨　＜体育＞】

知識・技能	思考・判断・表現	主体的に学習に取り組む態度
運動の主体的，合理的，計画的な実践に関する具体的な事項やスポーツの推進及び発展に寄与するための事項について理解しているとともに，生涯を通したスポーツの推進及び発展に必要な技能を身に付けている。	スポーツの多様な実践と推進及び発展についての自他や社会の課題を発見し，主体的，合理的，計画的な解決に向けて思考し判断しているとともに，それらを他者に伝えている。	生涯を通してスポーツと多様に関わるとともにスポーツの推進及び発展に寄与することができるよう，運動の主体的，合理的，計画的な実践に主体的に取り組もうとしている。

（改善等通知　別紙5　P.8）

【学習指導要領　第3章　第10節　体育「第2款　第8　スポーツ総合演習　目標」】

　体育の見方・考え方を働かせ，課題を発見し，主体的，合理的，計画的な解決に向けた学習過程を通して，心と体を一体として捉え，健やかな心身の育成に資するとともに，生涯を通してスポーツの推進及び発展に寄与する資質・能力を次のとおり育成することを目指す。

(1)	(2)	(3)
スポーツの多様な意義やスポーツの推進及び発展の仕方について理解するとともに，スポーツの推進及び発展に必要な技能を身に付ける。	スポーツの推進及び発展に必要な自他や社会の課題を発見し，思考し判断するとともに，他者に伝える力を養う。	生涯を通してスポーツの推進及び発展に寄与するための課題研究に主体的に取り組む態度を養う。

（高等学校学習指導要領 P.446 より様式を一部改変）

　以下は，教科の目標と「評価の観点及びその趣旨」の関係性を踏まえた，科目の目標に対する「評価の観点の趣旨」の例である。

【「第2款　第8　スポーツ総合演習」の評価の観点の趣旨（例）】

知識・技能	思考・判断・表現	主体的に学習に取り組む態度
スポーツの多様な意義やスポーツの推進及び発展の仕方について理解しているとともに，スポーツの推進及び発展に必要な技能を身に付けている。	スポーツの推進及び発展に必要な自他や社会の課題を発見し，思考し判断するとともに，それらを他者に伝えている。	生涯を通してスポーツの推進及び発展に寄与するための課題研究に主体的に取り組もうとしている。

① 各科目における〔指導項目〕と「評価の観点」との関係を確認する。

　「スポーツ総合演習」は，生涯を通してスポーツの推進及び発展に寄与する資質・能力を育てることを目指した科目の目標を達成するために必要な内容を考慮し，「(1)スポーツの多様な理論や実践に関する課題研究」「(2)スポーツの多様な指導や企画と運営に関する課題研究」「(3)スポーツを通した多様な社会参画に関する課題研究」で構成している。

　併せて，解説において，各科目で育成を目指す資質・能力を「ア　知識及び技能」「イ　思考力，判断力，表現力等」「ウ　学びに向かう力，人間性等」に整理して示している。

第8　スポーツ総合演習
　(2)スポーツの多様な指導や企画と運営に関する課題研究
〈解説〉
　スポーツの多様な指導や企画と運営に関する課題研究では，「スポーツ概論」で学習したスポーツの多様な指導法と健康・安全，スポーツの企画と運営と，各科目で学習した指導法などから，主に，「地域やグループにおけるスポーツの普及や運営を行う者としてスポーツを支える」といった視点で自らの関心に応じてテーマを選び，文献研究,調査,実習などを通した課題研究を行うものとする。

〔参考：スポーツ総合演習で育成を目指す資質・能力〕

　ア　知識及び技能

　　　「スポーツ総合演習」の知識及び技能については，「スポーツ概論」から「スポーツⅥ」までの科目の学習を総合的に活用し，自らが課題を設定し探究することを目的としているため，それらの科目で習得した知識及び技能を前提としている。

　　　また，技能については，探究的な学習で求められる技能も含めたものである。

　イ　思考力，判断力，表現力等

　　　スポーツを推進及び発展していく上での課題を発見し，文化的，社会的，経済的側面など多角的な視点から，自他や社会の課題の解決に向けて思考し判断するとともに，主体的，合理的，計画的な解決に向けた自らの考えを他者に筋道を立て，論理的に伝えること。

　ウ　学びに向かう力，人間性等

　　　スポーツに関する課題研究に主体的に取り組むこと。

---

②　【観点ごとのポイント】を踏まえ，「〔科目〕の評価規準」を作成する。

（1）「〔科目〕の評価規準」を作成する際の【観点ごとのポイント】

○「知識・技能」のポイント

・「知識」については，学習指導要領の「1　目標」に示す資質・能力を身に付けることができるよう「2　内容」の各指導項目に対し，「ア」に示された内容について，それを生徒が「…について理解している」かどうかの学習状況として表すこととする。

・「技能」については，学習指導要領の「1　目標」に示す資質・能力を身に付けることができるよう「2　内容」の各指導項目に対し，「ア」に示された内容について，それを生徒が「…を身に付けている」「…できる」かどうかの学習状況として表すこととする。

○「思考・判断・表現」のポイント

・「思考・判断・表現」については，学習指導要領の「1　目標」に示す資質・能力を身に付けることができるよう「2　内容」の各指導項目に対し，「イ」に示された「…発見し，思考し判断するとともに…伝えること」などの記述を当てはめ，それを生徒が「…発見し，思考し判断するとともに…伝えている」かどうかの学習状況として表すこととする。

○「主体的に学習に取り組む態度」のポイント

・「主体的に学習に取り組む態度」については，学習指導要領の「1　目標」に示す資質・能力を身に付けることができるよう「2　内容」の各指導項目に対し，「ウ」に示された「…に主体的に取り組むこと」の記述を当てはめ，それを生徒が「…に主体的に取り組もうとしている」かどうかの学習状況として表すこととする。

（2）学習指導要領解説の「2　内容」及び「科目の評価規準（例）」

	知識及び技能	思考力，判断力，表現力等	学びに向かう力，人間性等
学習指導要領　解説	「スポーツ総合演習」の知識及び技能については，「スポーツ概論」から「スポーツⅥ」までの科目の学習を総合的に活用し，自らが課題を設定し探究することを目的としているため，それらの科目で習得した知識及び技能を前提としている。 また，技能については，探究的な学習で求められる技能も含めたものである。	スポーツを推進及び発展していく上での課題を発見し，文化的，社会的，経済的側面など多角的な視点から，自他や社会の課題の解決に向けて思考し判断するとともに，主体的，合理的，計画的な解決に向けた自らの考えを他者に筋道を立て，論理的に伝えること。	スポーツに関する課題研究に主体的に取り組むこと。

第3編
事例5

	知識・技能	思考・判断・表現	主体的に学習に取り組む態度
科目の評価規準　例	○知識 ※「スポーツ概論」から「スポーツⅥ」までの科目の学習で習得した知識については，各科目において評価をすることからここでは評価は行わない。 ○技能 　探究的な学習で求められる技能を身に付けている。 ※「スポーツ概論」から「スポーツⅥ」までの科目の学習で習得した技能については，各科目において評価をすることからここでは評価は行わない。	スポーツを推進及び発展していく上での課題を発見し，文化的，社会的，経済的側面など多角的な視点から，自他や社会の課題の解決に向けて思考し判断するとともに，主体的，合理的，計画的な解決に向けた自らの考えを他者に筋道を立て，論理的に伝えている。	スポーツに関する課題研究に主体的に取り組もうとしている。

※　各学校においては，「〔科目〕の評価規準」の考え方を踏まえて，各学校の実態を考慮し，単元等の評価規準を作成する。具体的には次のページからの事例5で示している。

| 体育科　　事例5（スポーツ総合演習）
| キーワード　スポーツの推進及び発展に必要な技能の指導と評価 |

科目名	指導項目
スポーツ総合演習	その次の年次 スポーツの多様な指導や企画と運営に関する課題研究

　本事例では，〔科目〕の評価規準を作成する際の【観点ごとのポイント】（P.97参照）に従い，科目の評価規準をもとに，各学校での対応が求められる，単元の評価規準の作成から学習評価の実施までの流れを説明する。ここでは，図1－②学校ごとに実施の部分について，A県B高等学校での事例として示す。

　専門学科において開設される各教科各科目の標準単位数は，国の基準に従い設置者が設定することとなるが，本事例では，A県（設置者）の設定した標準単位数に基づき，B高等学校が設定した単位数（表1）及び科目「スポーツ総合演習」の指導項目の取り上げ方及びその配当時間（表2）を前提とした。なお，紙面の都合上，Ⅳの年間指導計画の作成は，本事例では省略している。

図1　専門学科「体育科」における評価規準の作成の手順（A県B校のケース）

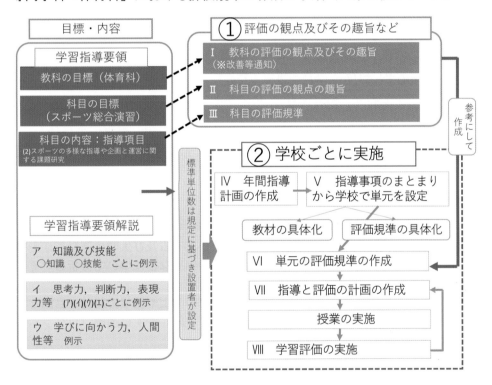

1　設置者が設定した規定に基づくB校の単位数及び指導事項の取り上げ方と配当時間

　表1は，国の基準に従いA県が設定した標準単位数を踏まえ，B校が設定した単位数である。B校では，スポーツ総合演習を各学年1単位配当している。指導項目は，入学年次に（1）を，次の年次に（2），（3）を履修した上で，それ以降の年次では，（1）～（3）の指導項目から生徒が選択して履修するよう設定した（表2）。

表1　Ｂ高等学校が設定した単位数

	入学年次	その次の年次	それ以降の年次
スポーツ概論	1単位	1単位	1単位
スポーツⅠ	1単位 (スポーツⅣとの選択)	2単位 (スポーツⅣとの選択)	5単位 (4科目から選択)
スポーツⅡ	2単位 (スポーツⅢとの選択)	3単位 (スポーツⅢとの選択)	
スポーツⅢ	2単位 (スポーツⅡとの選択)	3単位 (スポーツⅡとの選択)	
スポーツⅣ	1単位 (スポーツⅠとの選択)	2単位 (スポーツⅠとの選択)	
スポーツⅤ	1単位	1単位	1単位
スポーツⅥ	1単位	1単位	1単位
スポーツ総合演習	**1単位**	**1単位**	**1単位**

表2　Ｂ高等学校におけるスポーツ総合演習の指導項目の取り上げ方及びその配当時間

学年	4 (1-5)	5 (6-9)	6 (10-13)	7 (14-16)	8	9 (17-20)	10 (21-27)	11 (28-31)	12 (32-34)	1	2	3 (35)
入学年次	(1) スポーツの多様な理論や実践に関する課題研究											
その次の年次	(2) スポーツの多様な指導や企画と運営に関する課題研究						(3) スポーツを通した多様な社会参画に関する課題研究					
それ以降の年次	(1) スポーツの多様な理論や実践に関する課題研究　(2) スポーツの多様な指導や企画と運営に関する課題研究 (3) スポーツを通した多様な社会参画に関する課題研究から選択											

2　スポーツの多様な指導や企画と運営に関する課題研究における単元の設定

（図1-Ⅴ　指導事項のまとまりから学校で単元を設定）

　本事例は，表2に示すとおり，指導項目「（2）スポーツの多様な指導や企画と運営に関する課題研究」を，その次の年次(20 単位時間)で取り上げる計画であるが，解説に示されているテーマと課題研究の方法の例(表3)から，2つの例をその次の年次で取り上げることとし，単元1を10単位時間，単元2を10単位時間として，単元を構成した。

表3「スポーツの多様な指導や企画と運営に関する課題研究」（テーマと課題研究の方法の例）

> ・スポーツクラブ，公共施設におけるスポーツ教室プログラム及び大学の運動部活動等の活動を体験し，多様な目的に応じたスポーツの指導法の特徴や効果などについて分析し，その成果を報告する。→（単元2）
> ・家族，地域の児童生徒及び高齢者などに対して，体力の向上や健康の維持を目的とした適切な運動の計画を立てるために，聞き取り調査などを行い，継続しやすい運動プログラムなどを作成する。→（単元1）
> ・スポーツ大会やスポーツイベントの企画・運営の仕方について学習したことに加え，意識調査や実態調査を通して，対象に応じて作成した運営マニュアルを検証したり，校内球技大会などの企画・運営の実習等の成果を分析したりして，その成果をまとめる。
> ・関心のあるスポーツの公式ルールや審判法についての講習会等に参加し，体験から感じ取ったことをまとめる。

3 「スポーツの推進及び発展に必要な技能」の検討

　解説では体育科の技能について，「生涯を通してスポーツの推進及び発展に必要な技能を身に付けるとは，多様な志向及び体力や技能等の違いの中でスポーツを継続的に楽しむことができる技能にとどまらずスポーツに関する運営や地域スポーツの発展に貢献するなど，スポーツの推進及び発展に寄与するための技能を身に付けること」と示されている（解説 P.251，252 参照）。

　また，スポーツ総合演習では，「スポーツの推進及び発展に必要な技能を身に付けるとは，（中略）スポーツの推進及び発展に関わる課題研究に求められる技能を示しており，プレゼンテーション，レポート，論文などの様式に従い表現する技能や ICT 活用及びリテラシーに関わる探究的な学習に求められる技能も含めたものである。」とされている（解説 P.303，304 参照）。

　さらに，B校においては，学校教育目標において，総則で示されている言語能力の確実な育成を教科横断的な視点から重視している。

　これらのことから，B校では，スポーツ総合演習における運動の技能以外の技能について，様式に従い表現する技能としてプレゼンテーション及びレポート・論文作成を，探究的な学習に求められる技能としてICT活用及びコミュニケーションをそれぞれ設定している（表4）。

　なお，解説において「『スポーツ総合演習』の知識及び技能については，『スポーツ概論』から『スポーツⅥ』までの各科目の学習を総合的に活用し，自らが課題を設定し，探究することを目的としているため，それらの科目で習得した知識及び技能を前提としている」（解説 P.304 参照）と示されている部分については，それぞれの科目で既に指導と評価が行われているため，本事例では，当該部分について生徒個々に必要な指導は行うものの再度評価は行わないこととした。

表4　B校におけるスポーツ総合演習「スポーツの推進及び発展に必要な技能」の検討例

スポーツの推進及び発展に必要な技能		具体的な技能の例
様式に従い表現する技能	プレゼンテーションスキル	・研究テーマに応じて対象に合わせて端的に要約し表現することができる。
	レポート・論文作成スキル	・目的，手順，所定の手続きに基づくデータの整理，考察，結論の手順でレポートや論文が作成できる。
探究的な学習に求められる技能	ICT活用スキル	・表計算，文書作成，プレゼンテーションなど各種のソフトを活用して基本的な資料作成ができる。 ・情報リテラシーを守り，クラウド機能を活用できる。
	コミュニケーション・スキル	・異年齢や学校外の他者の状況に応じた言葉や所作で対応することができる。 ・報告，連絡，相談など基本的な社会的マナーを実践できる。

4 スポーツの多様な指導や企画と運営に関する課題研究における単元の評価規準の設定まで
（図1-Ⅵ　単元の評価規準の作成）

　「科目の評価規準（例）」（P.98 参照）と表4で設定した「スポーツの推進及び発展に必要な技能」を踏まえ，「スポーツの多様な指導や企画と運営に関する課題研究」の全ての「単元の評価規準」を作成している（表5）。全ての「単元の評価規準」の作成は，各科目や各指導項目及びそれぞれの指導事項での指導すべき内容を整理し，指導内容を系統的かつ偏りなく配置するために重要な手続きとなる。本事例では，目標や内容に応じて単元の評価規準を作成している。

表5　スポーツの多様な指導や企画と運営に関する課題研究の全ての「単元の評価規準」

知識・技能		思考・判断・表現	主体的に学習に取り組む態度
知識	技能		
	・研究テーマに応じて対象に合わせて端的に要約し表現することができる。 ・目的，手順，所定の手続きに基づくデータの整理，考察，結論の手順でレポートや論文が作成できる。 ・表計算，文書作成，プレゼンテーションなど各種のソフトを活用して基本的な資料作成ができる。 ・情報リテラシーを守り，クラウド機能を活用できる。 ①学校外の他者の状況に応じた言葉や所作でコミュニケーションを取ることができる。 ・報告，連絡，相談など基本的な社会的マナーを実践できる。	①スポーツの多様な指導や企画と運営についての課題を発見している。 ②文化的，社会的，経済的側面など多角的な視点から，自他や社会の課題の解決に向け分析したり，比較したりして情報を整理している。 ・主体的，合理的，計画的な解決に向けた自らの考えを他者に筋道を立て，論理的に伝えている。	・スポーツの多様な指導や企画と運営に関する課題研究に主体的に取り組もうとしている。

※本事例では，単元1と単元2を設定しているため，ここでは単元1の評価規準を○囲み数字で示している。

5　その次の年次における指導と評価の計画
（図1-Ⅶ　指導と評価の計画の作成）

　本事例は，テーマと課題研究の方法の例（表3）を具体化し，地域の高齢者施設等の協力を得て実践している。単元1では，体力の向上や健康の維持を目的とした適切な運動の計画を立てるために，聞き取り調査などを行い，継続しやすい運動プログラムなどを作成する計画とした。単元2では，多様な目的に応じたスポーツの指導法の特徴や効果などについて分析し，その成果を報告する計画とした。これらの学習を通して，生涯を通してスポーツの推進及び発展に寄与する資質・能力の育成を目指している。

【単元1】主に三つの流れで構成している。初めに，中高齢者に対しての運動の計画の立案と提案において，活用が期待される既習の知識や中高年者の運動の計画を立てる際の留意点等について理解を深める。次に，中高齢者に適した運動計画作成のためのインタビュー調査の内容の作成，コミュニケーションの取り方の学習をした上で，実態調査を行う。さらに，インタビュー調査から得られた対象者の目的に適した運動の計画について作成する。

【単元2】作成した運動の計画を，高齢者施設の協力を得て実践し，得られた記録をもとに，スポーツの多様な指導や企画と運営に関する課題研究についての成果及び今後の課題について発表する。

　単元1・単元2を通じて，「スポーツ概論」で学習したスポーツの多様な指導法と健康・安全，スポーツの企画と運営，「スポーツⅥ」で学習したライフステージ及びライフスタイルに応じた体操や運動の計画の立て方との関連を図っている。

　その次の年次の指導と評価の計画を次に示した（表6）。

表6　指導と評価の計画

単元	活動	時間	ねらい・学習活動	技	思	態	評価方法
単元1	既習の知識の確認	1	オリエンテーション ○スポーツの多様な指導や企画と運営に関する課題研究のねらいを知ろう ○単元に関連するこれまで学習した内容を振り返ろう (例)・スポーツへの参加の目的や経験に応じた指導の仕方，参加者の健康の確保の仕方，参加者の安全の管理の仕方を確認する。 ・中・高齢者の運動の計画を作成し地域に貢献する。 ・国や地域の人口構成，スポーツ実施率を含めた社会課題を知る。 ・人口減少と少子高齢化，スポーツと健康や医療費等の関係を知る。				
	データの収集・課題発見	2〜3	○聞き取り調査から中・高齢者の特徴や，作成のポイントを発見しよう ・質問項目の検討と質問する際のコミュニケーションの方法を確認する。 ・インターネット等を活用して必要なデータを調べる。 ・高齢者施設等でインタビュー（事前訪問）する内容を整理する。 ・インタビューの仕方の練習をする。				
		4〜5	○実際にインタビューをしてみよう ・実態を把握するために，高齢者施設等でインタビュー（事前訪問）する。	①			技：観察（ICT端末で集約）
		6〜7	○データから，対象者が求める目的，負荷量，方針を検討しよう ・インタビューで得られた情報を分類し，スポーツ概論で学習した「スポーツの多様な指導法と健康・安全，スポーツの企画と運営」，スポーツⅥで学習した「ライフステージ及びライフスタイルに応じた体操や運動計画の立て方」を基に，対象者に応じたプログラム作成についての課題を整理する。		①		思：学習カード（ICT端末で集約）
	計画作成	8〜10	○運動の計画を作成しよう ・対象者の年齢，身体的状況，目的を把握した上で，スポーツⅥとの関連を図り，プログラムを作成する。 ・作成したプログラムと指導内容や配慮事項を学習カードに入力する。 ・必要に応じて，運動例を取り上げた映像を作成する。		②		思：学習カード（ICT端末で集約）
単元2	実践・発表・まとめ	11〜14	○作成したプログラムを実践し，データを収集しよう ・高齢者施設で，グループで一人ずつ運動プログラムを伝達し，その他のメンバーは対象者と共に運動を行う。役割を決めて交代しながら実施する。 ・撮影担当はタブレットで撮影（映像・写真）を行う。 ・対象者からアンケート記入してもらう。 ・自己評価表に記入する。	○			技：観察，提出物（ICT端末で集約）
		15〜18	○収集したデータを分析し，まとめよう ・アンケートを集約し，クラウドで共有する。蓄積したデータから必要なものを選択し，表計算ソフトを用いて表やグラフに表す。 ・作成した表やグラフのデータ，プログラム内容や写真を用いてグループで協働してポスターを作成する（一分担を担当する）。	○			技：成果物（ICT端末で集約）
		19 20	○ポスターセッションで表現しよう ・自らの考えを他者に筋道を立て論理的に伝える。 ・ポスターセッション（発表・質疑・応答）を行う。 ・まとめ，振り返り（次年度にむけての課題）を行う。		○	○	思：観察，学習カード（ICT端末で集約） 態：観察（ICT端末で集約）

6　学習評価に関連した指導内容と評価例（図１–Ⅷ　学習評価の実施）

　ここでは，本事例で設定した単元１の技能①の評価規準である「学校外の他者の状況に応じた言葉や所作でコミュニケーションを取ることができる」ことについての指導の実際と評価の具体例について取り上げる。

（1）技能①に関連するもととなる知識の整理

　本事例では，「スポーツの推進及び発展に必要な技能」を表４のとおり整理しているが，ここでは，特にコミュニケーションを図る上で関連するもととなる知識を整理（表７）するとともに，その汎用的な知識と具体的な知識を検討している（表８）。

　本事例では，知識は他の科目による既習の内容であること，学習活動に関わる補助的な知識であることから評価は行わないこととしているが，学習活動を支え活用する知識となるため事前に確認している。

表7　コミュニケーションを図る上で関連するもととなる知識の例

もととなる知識	記載箇所
・体力や技能の程度，性別や目的，障害の有無など様々な違いを超えて，スポーツを楽しむために調整し合意したマナーを実践できること。	スポーツⅠからⅥの知識及び技能
・スポーツは，各ライフステージにおける身体的，心理的，社会的特徴に応じた多様な楽しみ方があること。また，その楽しみ方は個人のスポーツに対する欲求などによっても変化すること。	スポーツ概論(3)の知識及び技能
・スポーツの指導法には，参加者の目的や年齢，経験，障害の有無等に応じた基本的な指導の仕方や適切な練習方法の選択などがあること。	スポーツ概論(4)の知識及び技能
・仲間との話合いの場面で，合意を形成するための調整の仕方を見付け，仲間に伝えること。	スポーツⅥの思考力，判断力，表現力等
・仲間を尊重し相手の感情に配慮しながら発言したり，提案者の発言に同意を示したりして建設的な話合いを進めようとすること。	科目体育の学びに向かう力，人間性等

第3編
事例5

（2）コミュニケーションに対応した汎用的な知識と具体的な知識の設定

　本事例においては，Ｂ校では，表７のもととなる知識を踏まえて，コミュニケーションに対応した汎用的な知識と具体的な知識を表８のように設定している。

表8　コミュニケーションに対応した汎用的な知識と具体的な知識

汎用的な知識	具体的な知識
・コミュニケーションには，バーバル(言語)とノンバーバル(非言語)があり，円滑なコミュニケーションには，双方が重要であること	・口調や，用いる言葉，相手に伝わる言葉の選択，時間内での端的な質問や目線を合わせる，笑顔や身振り手振りを用いること，相槌を打つなどの基本的手法があること
・相手とのコミュニケーションを円滑に図るためには，他者への尊敬や協力者への感謝の意をもつことが重要であること，及び年齢に応じた所作があること	・学校外の他者への礼儀作法，感謝の意を伝えること
・学校外の他者とコミュニケーションを図る際は，具体的な留意点があること	・関係つくりのための簡易な質問，本質的な質問，質問事項の整理，発言者の意図とずれていないか，まとめの確認をするなどの手順があること

（3）判断の目安と実際の評価の例

　本事例では，技能①の「学校外の他者に合わせた言葉や所作でコミュニケーションができる」ことについて，これまで学習したもととなる知識を活用して，地域の中高齢者に対して健康の増進を目的としたプログラムの作成をする上でのインタビューにおけるコミュニケーションの技能を評価している。インタビュー時には，対象者によって方法や対応の仕方が異なることや，表８で整理した，①

言語，②所作や非言語のコミュニケーションの判断の視点を作成（表9）したうえで，表 10「学校以外の他者に合わせた言葉や所作でコミュニケーションができる」判断の目安と想定される様相を整理している。

表9　技能①を判断する際の視点の整理

	インタビューをする場面と対象者（例）	判断の視点となる所作や言動（例）
実際の様相	回数（初・二度目等） 面接時間の長短 対象者 ・年齢 （中年，高齢者等） ・個人の違い（個性） ・相手の応答 （障害の有無等）	①言語（バーバル・コミュニケーション） ・端的な質問と説明ができる ・相手にわかりやすい会話ができる ・適切で丁寧な言葉遣いができる ・年齢に対応した口調，抑揚，語調の強弱，スピードを調整できる ・相手の応答の変化に応じた対応ができる ②所作・非言語（ノンバーバルコミュニケーション） ・自分から進んで挨拶をすることができる ・同調する相槌を打つことができる ・傾聴することができる ・相手の状況に応じた身振りや手振りができる

表10　「学校外の他者に合わせた言葉や所作でコミュニケーションができる」判断の目安とその様相

実現状況	判断の目安	想定される様相
十分満足 （A）	○学校外の他者に合わせて円滑に言語や所作でコミュニケーションができる	他者への配慮を心掛け，①バーバル・コミュニケーション及び②ノンバーバルコミュニケーションの双方を適切に使い，円滑なコミュニケーションができている。 ①適切で丁寧な言葉遣いができる。 ①年齢に対応した口調，抑揚，語調の強弱，スピードに気を付けて説明したり相手の話を聞いたりすることができる。 ①相手の理解が困難な際に，端的に説明し直したり，言葉を選んだりすることができる。 ②傾聴の意味を理解し，受容や同意を返すことができる。 ②相手の緊張を和らげるため，大きな身振りや手振りを意図的に用いることができる。
おおむね満足 （B）	○学校外の他者に合わせた言語や所作でコミュニケーションができる	バーバル・コミュニケーション及びノンバーバルコミュニケーション双方のコミュニケーションができている。 ①端的な質問と説明ができる。 ①相手にわかりやすい会話ができる。 ②自分から進んで挨拶をすることができる。 ②同調する相槌を打つことができる。
努力を要する （C）	○学校外の他者に合わせた言語や所作でコミュニケーションに課題がみられる	バーバル・コミュニケーション，ノンバーバルコミュニケーションで課題がみられる。 ①不適切な言葉遣いがみられる。 ①与えられた時間内で効果的に意見を引き出すためのやり取りできない。 ②同意や相槌，身振りや手振りを使ったコミュニケーションができていない。 ②学校外の他者が不快に感じる所作や挨拶などの他者に対する礼節にかけている。

第3編
事例5

（４）学習履歴の蓄積と評価材料の効率的な収集

　本事例では，ＩＣＴを活用して，生徒の学習履歴を蓄積し，学習の改善に生かすとともに，教師は評価材料を効率的に収集できるようにしている。具体的には，3時間目に学習した中高齢者へのインタビュー場面におけるコミュニケーションに対応した汎用的な知識と具体的な知識について，生徒が1人1台端末を使ってクラウドに入力する。教師は，入力された内容から知識の定着を確認し，不十分な生徒に対しては，コメント機能を使用してフィードバックするなどの助言を行っている。生徒は教師からのコメントを確認し知識の強化を図るとともに，運動プログラムの作成時に，自己の学習を振り返って活用できるようにしている。また，インタビュー終了後，自身の実施状況の振り返りを入力している。

　このように，1人1台端末で入力した生徒一人一人のデータをクラウドで集約し，表計算ソフトを活用して整理することにより，教師は評価情報を効率的に集約することが可能になるとともに，効果的に生徒の学習の状況を確認することができる。

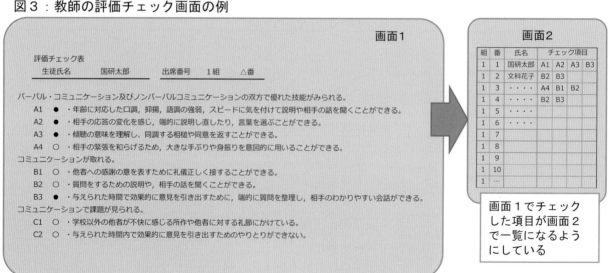

図2：ICTを活用した学習履歴の蓄積と評価材料

教師の指導	(2・3時間目)学校以外の他者に合わせた言葉や所作でコミュニケーションをとること	生徒の入力を確認して，不十分な生徒に対してコメントを送信したり，声がけを行ったりする
生徒の活動	(2・3時間目)・質問項目の検討・対象者へのインタビュー内容整理・コミュニケーションを取ったインタビューの仕方の練習	(4・5時間目)・高齢者施設等で対象者にインタビュー
生徒の入力	ICT活用：生徒の入力(3時間目)・インタビューを行う際に必要な汎用的な知識と具体的な知識について入力	ICT活用：生徒の入力(5時間目)・自己のインタビューの振り返りを入力
教師の評価		観察評価(4・5時間目)ICTを活用

（５）ＩＣＴを活用した評価

　教師は4時間目及び5時間目に，生徒が対象者へのインタビューを行なっている様子について，判断の目安とその様相（表9）に基づき観察評価を行い，ＩＣＴ端末に入力して整理する。その際，評価項目を事前に入力し，チェックするだけでクラウドに集約できるようにしている（図3）。また，生徒がインタビュー後に入力した振り返りは，補助的な情報として技能を見取る際の参考としている。

図3：教師の評価チェック画面の例

画面1

評価チェック表
　生徒氏名　　　国研太郎　　　　出席番号　　1組　　△番

バーバル・コミュニケーション及びノンバーバルコミュニケーションの双方で優れた技能がみられる。
　A1　●　・年齢に対応した口調，抑揚，語調の強弱，スピードに気を付けて説明や相手の話を聞くことができる。
　A2　●　・相手の応答の変化を感じ，端的に説明し直したり，言葉を選ぶことができる。
　A3　●　・傾聴の意味を理解し，同調する相槌や同意を返すことができる。
　A4　○　・相手の緊張を和らげるため，大きな手ぶりや身振りを意図的に用いることができる。
コミュニケーションが取れる。
　B1　○　・他者への感謝の意を表すために礼儀正しく接することができる。
　B2　○　・質問をするための説明や，相手の話を聞くことができる。
　B3　●　・与えられた時間で効果的に意見を引き出すために，端的に質問を整理し，相手のわかりやすい会話ができる。
コミュニケーションで課題が見られる。
　C1　○　・学校以外の他者が不快に感じる所作や他者に対する礼節にかけている。
　C2　○　・与えられた時間内で効果的に意見を引き出すためのやりとりができない。

画面2

組	番	氏名	チェック項目			
1	1	国研太郎	A1	A2	A3	B3
1	2	文科花子	B2	B3		
1	3	・・・・				
1	4		A4	B1	B2	
1	4		B2	B3		
1	5	・・・・				
1	6	・・・・				
1	7					
1	8					
1	9					
1	10					
1	…					

画面1でチェックした項目が画面2で一覧になるようにしている

単元名	内容のまとまり
環境と健康	その次の年次 （４）健康を支える環境づくり

1　単元の目標

(1) 環境の汚染と健康，環境と健康に関わる対策，環境衛生に関わる活動について，理解することができるようにする。

(2) 環境と健康に関わる情報から課題を発見し，疾病等のリスクの軽減，生活の質の向上，健康を支える環境づくりなどと，解決方法を関連付けて考え，適切な整備や活用方法を選択し，それらを説明することができるようにする。

(3) 環境の汚染と健康，環境と健康に関わる対策，環境衛生に関わる活動について，自他や社会の健康の保持増進や回復についての学習に主体的に取り組もうとすることができるようにする。

2　単元の評価規準

知識・技能	思考・判断・表現	主体的に学習に取り組む態度
①人間の生活や産業活動は，大気汚染，水質汚濁，土壌汚染などの自然環境汚染を引き起こし，健康に影響を及ぼしたり被害をもたらしたりすることがあるということについて，理解したことを言ったり書いたりしている。 ②健康への影響や被害を防止するためには，汚染物質の排出をできるだけ抑制したり，排出された汚染物質を適切に処理したりすることなどが必要であること，そのために環境基本法などの法律等が制定されており，環境基準の設定，排出物の規制，監視体制の整備などの総合的・計画的対策が講じられていることについて，理解したことを言ったり書いたりしている。 ③上下水道の整備，ごみやし尿などの廃棄物を適切に処理する等の環境衛生活動は，自然環境や学校・地域などの社会生活における環境，及び人々の健康を守るために行われていること，その現状，問題点，対策などを総合的に把握し改善していかなければならないことについて，理解したことを言ったり書いたりしている。	①環境と健康について，それらに関わる事象や情報などを整理したり，個人及び社会生活と関連付けたりして，自他や社会の課題を発見している。 ②人間の生活や産業活動などによって引き起こされる自然環境汚染について，事例を通して整理し，疾病等のリスクを軽減するために，環境汚染の防止や改善の方策に応用している。 ③環境と健康について，自他や社会の課題の解決方法と，それを選択した理由などを話し合ったり，ノートなどに記述したりして，筋道を立てて説明している。	①環境の汚染と健康，環境と健康に関わる対策，環境衛生に関わる活動について，課題の解決に向けた学習活動に主体的に取り組もうとしている。

※「単元の評価規準」は単元の目標を踏まえるとともに，「知識・技能」や「思考・判断・表現」は「学習指導要領解説保健体育編　体育編」の内容や例示等を基に，「主体的に学習に取り組む態度」は第２編で示した評価の観点の趣旨を参考にして，実際の学習活動をイメージして作成した。

第３編
事例６

3　指導と評価の計画（5時間）

時間	ねらい・学習活動	知	思	態	評価方法
1　大気汚染と健康	環境と健康について，それらに関わる事象や情報などを整理したり，個人及び社会生活と関連付けたりして，自他や社会の課題を発見することができるようにする。 1　大気汚染を例に取り上げて，その原因と健康影響について調べる。 2　大気汚染以外の大気に関わるほかの健康課題について知る。 3　環境と健康にはどのような課題があるのか整理し，発表する。		①		（学習活動3） 環境と健康について，それらに関わる事象や情報などを整理したり，個人及び社会生活と関連付けたりして，自他や社会の課題を発見している内容を【観察・ワークシート】で捉える。〈思－①〉
2　水質汚濁及び土壌汚染と健康	人間の生活や産業活動は，大気汚染，水質汚濁，土壌汚染などの自然環境汚染を引き起こし，健康に影響を及ぼしたり被害をもたらしたりすることがあることについて，理解することができるようにする。 1　前時に学習した大気汚染と健康について振り返る。 2　水質汚濁と健康影響について調べる。 3　土壌汚染と健康影響について調べる。 4　大気汚染，水質汚濁，土壌汚染の関係性についてワークシートにまとめ，発表する。	①			（学習活動4） 人間の生活や産業活動は，大気汚染，水質汚濁，土壌汚染などの自然環境汚染を引き起こし，健康に影響を及ぼしたり被害をもたらしたりすることがあるということについて，理解したことを言ったり書いたりしている内容を【観察・ワークシート】で捉える。 〈知－①〉
3　環境と健康に関わる対策	環境と健康に関わる対策について理解することができるようにするとともに，疾病等のリスクを軽減するために，環境汚染の防止や改善の方策に応用することができる。 1　環境汚染の防止のための対策について調べる。 2　環境汚染の防止のための総合的・計画的対策についてまとめる。 3　一般廃棄物の処理と健康に関する事例から環境汚染の防止や改善の方策を整理し，産業廃棄物の処理に当てはめて考える。	②			（学習活動2） 健康への影響や被害を防止するためには，汚染物質の排出をできるだけ抑制したり，排出された汚染物質を適切に処理したりすることなどが必要であること，そのために環境基本法などの法律等が制定されており，環境基準の設定，排出物の規制，監視体制の整備などの総合的・計画的対策が講じられていることについて，理解したことを言ったり書いたりしている内容を【ワークシート】で捉える。 〈知－②〉

	4 環境と健康に関わる対策をワークシートにまとめ，発表する。		②	**（学習活動４）** 人間の生活や産業活動などによって引き起こされる自然環境汚染について，事例を通して整理し，疾病等のリスクを軽減するために，環境汚染の防止や改善の方策に応用している内容を【観察・ワークシート】で捉える。〈思－②〉
4 上下水道の整備，廃棄物の処理	上下水道の整備，ごみやし尿などの廃棄物を適切に処理する等の環境衛生活動の現状，問題点，対策などを総合的に把握し改善していかなければならないことについて理解できるようにするとともに，それに伴う自他や社会の課題の解決方法と，それを選択した理由などを話し合ったり，ノートなどに記述したりして，筋道を立てて説明することができるようにする。 1 ごみ処理の現状と課題について調べる。 2 上下水道の整備と健康とのかかわりについてまとめる。 3 安全な水を確保するための方法を考え，意見交換をする。	③	③	**（学習活動２を第４時授業後に評価）** 上下水道の整備，ごみやし尿などの廃棄物を適切に処理する等の環境衛生活動は，自然環境や学校・地域などの社会生活における環境，及び人々の健康を守るために行われていること，その現状，問題点，対策などを総合的に把握し改善していかなければならないことについて，理解したことを言ったり書いたりしている内容を【ワークシート】で捉える。〈知－③〉 **（学習活動３を授業後に評価）** 環境と健康について，自他や社会の課題の解決方法と，それを選択した理由などを話し合ったり，ノートなどに記述したりして，筋道を立てて伝え合っている内容を【観察・ワークシート】で捉える。〈思－③〉
5 新たな環境問題と環境衛生活動	環境と健康について，課題の解決に向けた学習活動に主体的に取り組むことができるようにする。 1 今までの学習内容を確認する。 2 新たな環境問題から発生している健康影響や健康被害を調べる。 3 それらを解決するための環境衛生活動を考え，グループで話し合う。 4 単元を通して学んだことをこれからの生活にどのように生かしていくかをワークシートに記入し，発表する。	①		**（学習活動２，３，４）** 環境の汚染と健康，環境と健康に関わる対策，環境衛生に関わる活動について，課題の解決に向けた学習活動に主体的に取り組もうとしている状況を【観察】で捉える。〈態－①〉

※表中の①～③の数字は，単元の評価規準を表している。

4　観点別学習状況の評価の進め方

（1）基本的な考え方

　本単元は⑦環境の汚染と健康，①環境と健康に関わる対策，⑦環境衛生に関わる活動と三つの事項で構成されている。ここでは，⑦環境の汚染と健康を「大気汚染と健康」「水質汚濁及び土壌汚染と健康」の2時間，①環境と健康に関わる対策を1時間，⑦環境衛生に関わる活動を「上下水道の整備，ごみやし尿などの廃棄物の処理」「新たな環境問題に関わる環境衛生活動」の2時間，すなわち単元の総時数を合計5時間として，指導と評価を進めて行くこととした。

　観点別学習状況の評価を効果的・効率的に進めるためには，単元を通して3観点の評価のバランスを考慮しつつ，できるだけ1時間で行う評価を絞り，重点化する必要がある。本事例では，総時数が5時間であることから，単元の評価規準を7個に絞って設定した。具体的には，第3時，第4時は2観点とした。さらに，導入の第1時（思考・判断・表現），知識の内容が多い第2時（知識・技能），まとめの第5時（主体的に学習に取り組む態度）を1観点として重点化することとした。

　その際，「知識・技能」については，すべての時間に記録に残す評価を入れるのではなく，単元の知識・技能の評価規準として設定した三つの規準が最も関連する授業時間に評価場面を設定し，環境と健康について理解したことを言ったり，書き出したりする活動について評価することとした。具体的には，事例の第1時と第2時の2時間分を環境の汚染と健康のまとまりと考え，まとめて評価することとした。

　また，本単元では，技能の内容は位置付いていないが，技能の内容が位置付いている場合には，知識を習得しながら，実習を行うことができるような学習活動を設定する必要がある。評価の工夫としては，ワークシートを中心として，観察による評価も行い，実習を通して理解を深め，基本的な技能を身に付けている学習状況を確認できるように，ワークシートの項目を工夫することが重要である。なお，実習については，技能の出来映えのみを評価するのではなく，知識と一体的に評価することに留意したい。

　「思考・判断・表現」については，課題を発見し，よりよい解決に向けて思考したり，様々な解決方法の中から適切な方法を選択するなどの判断をしたりするとともに，それらを他者に表現する活動を設定し，単元を通して①課題の発見，②解決，③表現の3段階が評価できるように工夫することとした。

　「思考・判断・表現」の評価に当たっては，生徒が思考・判断したことをできるだけ可視化し評価したいので，ワークシートなどの記述が中心となるが，自分の意見を発表したり，グループで話し合ったりしている状況を観察することも考えられる。ワークシートによる評価においては，評価する観点に応じた項目を設定し，思考の過程が分かるような項目を工夫することに留意したい。観察による評価においては，この観点で観察する視点を明確にし，例えば発表の様子を録画（録音）したり，グループの話合いで考えたことを付箋に記述しグループで1枚の紙にまとめさせたりするなどの生徒の状況を正確に見取るための工夫が必要になる。

　「主体的に学習に取り組む態度」については，単に継続的な行動や積極的な発言を行うなど，性格や行動面の傾向を評価することではないことに留意したい。自らの学習状況を把握し，学習の進め方について試行錯誤するなど自らの学習を調整しながら，粘り強く取り組もうとしているかどうかという意思的な側面を評価することが重要である。そのため，単元を通してそれらの状況が見取ること

ができる単元の終わりに評価場面を設定した。

「主体的に学習に取り組む態度」の評価に当たっては，最終的に到達する生徒の姿をイメージし，単元全体を通して生徒の学習改善や教師の指導改善につなげることが重要である。特に，「努力を要する」状況と判断した生徒へは，手立てを講じて継続した指導を行い，課題を解決する学習活動に取り組む態度で変容を見取ることができるように留意したい。

（2）観点別学習状況の評価の実際

各観点における生徒の学習状況については，具体的にその状況を捉え，その学習状況にある背景と指導の方向を考えていくことが大切である。

①「知識・技能」の例

単元の評価規準　①　第2時
人間の生活や産業活動は，大気汚染，水質汚濁，土壌汚染などの自然環境汚染を引き起こし，健康に影響を及ぼしたり被害をもたらしたりすることがあるということについて，理解したことを言ったり書いたりしている。
第2時では，環境の汚染と健康についてまとめる場面で，人間の生活や産業活動は，環境汚染を引き起こし，健康に影響を及ぼしたり被害をもたらしたりすることについて発言やワークシートに書いている内容から，判断していく。 「十分満足できる」状況にあると判断するポイント ・環境の汚染が健康に影響を及ぼしたり被害をもたらしたりすることについて，具体例を挙げて理解したことを言ったり書いたりしている。また，他の学習や生活の場面でも活用できる概念を理解している。 「努力を要する」状況と判断した生徒への手立て ・このような状況は，大気汚染，水質汚濁，土壌汚染などの自然環境汚染と健康との関係について，学習内容が定着していないことが原因として考えられるため，健康影響について説明を加えながら，身近な事例を示したり，必要に応じて学習を振り返らせたりして個別に説明する。

②「思考・判断・表現」の例

単元の評価規準　①　第1時
環境と健康について，それらに関わる事象や情報などを整理したり，個人及び社会生活と関連付けたりして，自他や社会の課題を発見している。
第1時では，環境と健康について，教科書等を参考にして，課題や解決の方法を見付ける場面で，大気汚染を例に環境と健康に関する課題及びそれらを防止するための対策を見付け，発表したり，ワークシートに書いたりしている内容から，判断していく。 「十分満足できる」状況にあると判断するポイント ・環境と健康に関する課題及びそれらを防止するための対策について，学習したことを基に，自分たちや身近な社会生活と関連付けたり，理由を付け加えたりしながら，具体的な課題や対策について説明している。 「努力を要する」状況と判断した生徒への手立て ・このような状況は，環境と健康についての具体的な課題や対策を思いつかないなどが原因として

考えられるため，大気汚染の具体的な課題や対策を教師が例示したり，教科書の読み取りを補足したりする。

単元の評価規準　③　第4時

　環境と健康について，自他や社会の課題の解決方法と，それを選択した理由などを話し合ったり，ノートなどに記述したりして，筋道を立てて説明している。

　第4時では，上下水道の整備，ごみやし尿などの廃棄物の処理の課題と解決方法について，事例を通して整理し考える場面で，環境汚染の防止や改善の方策をワークシートに書いたり，その方策を選択した理由を他の生徒に説明したりしている内容から，判断していく。

「十分満足できる」状況にあると判断するポイント

・上下水道の課題やごみやし尿などの廃棄物などの環境汚染の課題について，学習したことを活用して，環境汚染の防止や改善の方策を考え，適切なものを選択するときに，根拠や選択した適切な理由を挙げるなどして，それらを説明している。

「努力を要する」状況と判断した生徒への手立て

・このような状況は，安全な水を確保するための事例と今までの学習が結び付けられないことなどが原因として考えられるため，上下水道の整備に絞って考えるように助言するとともにワークシートにまとめた内容を確認し，事例と結び付くよう，個別に説明する。

---

③「主体的に学習に取り組む態度」の例

単元の評価規準　①　第5時

　環境の汚染と健康，環境と健康に関わる対策，環境衛生に関わる活動について，課題の解決に向けた学習活動に主体的に取り組もうとしている。

　第5時では，前時までに学習したことを参考に新たな課題の解決に取り組む場面で，他の生徒に説明したり，ワークシートに書いたりするなどの活動に主体的に取り組もうとしている状況を観察し，判断していく。

「十分満足できる」状況にあると判断するポイント

・新たな環境問題を解決する方法を考える時に，前時までに学習した概念的な知識と自分たちの生活や社会全体とを結びつけ，試行錯誤して自らの学習を調整しながら，粘り強く取り組んでいる。

「努力を要する」状況と判断した生徒への手立て

・このような状況は，新たな環境問題に関わる環境衛生活動と自分たちの生活が結び付かないといった原因が考えられるため，一つの活動を例に挙げて説明する。

5　観点別学習状況の評価の総括

　本単元では，単元の評価規準に照らし，「十分満足できる」状況（A），「おおむね満足できる」状況（B），「努力を要する」状況（C）により評価を行った。

（1）評価結果のＡ，Ｂ，Ｃの数を基に総括する

観点＼時		1 大気汚染と健康	2 水質汚濁及び土壌汚染と健康	3 環境と健康に関わる対策	4 上下水道の整備，廃棄物の処理	5 新たな環境問題と環境衛生活動	総括
生徒1	知・技		A	A	B		A
	思・判・表	A		B	B		B
	態度					B	B
生徒2	知・技		C	C	A		B
	思・判・表	C		A	A		B
	態度					A	A

・単元の総括については，Ａが半数を超える場合にはＡ，Ｃが半数を超える場合にはＣ，それ以外はＢとする考え方に立って総括を行った。例外として，ＡとＣが同一観点に混在する場合は，Ｂに置き換えて集約している。（例：ＡとＣが各一つ → Ｂが二つ）

・「ＡＡＢＢ」の総括結果をＡとするかＢとするかなど，同数の場合や三つの記号が混在する場合の総括の仕方をあらかじめ決めておく必要がある。

・「知識・技能」，「思考・判断・表現」については，各授業後や単元終了後にワークシートや定期考査等からも評価することで，評価の信頼性を高めることができる。

（2）評価結果のＡ，Ｂ，Ｃを数値に置き換えて総括する

・評価結果Ａ，Ｂ，Ｃを，Ａ＝３，Ｂ＝２，Ｃ＝１のように数値によって表して，平均することで総括することができる。

・総括の結果をＢとする範囲を［2.5≧平均値≧1.5］とすると，平均値が2.5を上回る場合はＡ，平均値が1.5未満の場合はＣとなる。

観点＼時		1	2	3	4	5	平均	総括
生徒1	知・技		3	3	2		2.67	A
	思・判・表	3		2	2		2.33	B
	態度					2	2	B
生徒2	知・技		1	1	3		1.67	B
	思・判・表	1		3	3		2.33	B
	態度					3	3	A

保健体育科（科目保健）　　事例7
キーワード　「知識・技能」の評価

単元名	内容のまとまり
（イ）応急手当	入学年次 （２）安全な社会生活

　学習指導要領において「（２）安全な社会生活」は（ア）から（イ）までの内容で構成されている。本事例は（イ）応急手当を取り上げた「心肺蘇生法」の指導と評価である。

1　単元の目標

（1）応急手当の意義，日常的な応急手当，心肺蘇生法について，理解することができるようにする。

（2）応急手当に関わる事象や情報から課題を発見し，自他や社会の危険の予測を基に，危険を回避したり，傷害の悪化を防止したりする方法を選択し，安全な社会の実現に向けてそれらを説明することができるようにする。

（3）応急手当の意義，日常的な応急手当，心肺蘇生法について，自他の健康の保持増進や回復及び健康な社会づくりについての学習に主体的に取り組もうとすることができるようにする。

2　単元の評価規準

知識・技能	思考・判断・表現	主体的に学習に取り組む態度
①適切な応急手当は，傷害や疾病の悪化を防いだり，傷害者の苦痛を緩和したりすること。また，自他の生命や身体を守り，不慮の事故災害に対応できる社会をつくるには，一人一人が適切な連絡・通報や運搬も含む応急手当の手順や方法を身に付けるとともに，自ら進んで行う態度が必要であること，さらに，社会の救急体制の整備を進めること，救急体制を適切に利用することが必要であることについて，理解したことを言ったり書いたりしている。 ②日常生活で起こる傷病や，熱中症などの疾病の際には，それに応じた体位の確保・止血・固定などの基本的な応急手当の方法や手順があることについて，実習を通して理解したことを言ったり書いたりしているとともに，応急手当ができる。 ③心肺停止状態においては，速やかな気道確保，胸骨圧迫，ＡＥＤ（自動体外式除細動器）の使用などが必要であること，及び方法や手順について，実習を通して理解したことを言ったり書いたりしているとともに，ＡＥＤなどを用いて心肺蘇生法ができる。	①応急手当について，課題を発見し，その解決を目指し，習得した知識や技能を事故や災害で生じる傷害や疾病に関連付けて，悪化防止のための適切な方法を話し合ったり，ノートになどに記述したりして，筋道を立てて説明している。	①応急手当の意義，日常的な応急手当，心肺蘇生法について，課題の解決に向けての学習に主体的に取り組もうとしている。

※「単元の評価規準」は単元の目標を踏まえるとともに，「知識・技能」は「高等学校学習指導要領解説保健体育編　体育編」の内容を基に，実際の学習活動をイメージして作成した。

3 指導と評価の計画（4時間）

時	主な学習活動	知	思	態	評価方法
1	1 適切な応急手当は，傷害や疾病の悪化を防いだり，傷病者の苦痛を緩和したりすることを図などを見ながら説明を聞く。 2 応急手当について，習得した知識を事故や災害で生じる傷害や疾病に関連付けて，悪化防止のための方法をワークシートにまとめる。	①			ワークシート
2	1 日常に起こる傷害や，熱中症などの疾病の際には，それに応じた体位の確保・止血・固定などの基本的な応急手当の方法や手当をグループ毎に実習を通して，理解しできるようにする。また，ワークシートにまとめる。 2 安全な社会生活について，自他や社会の課題の解決方法と，それを選択した理由などを話し合ったり，ワークシートなどに記述したりして，筋道を立ててまとめる。 3 単元を振り返り，学習したことをこれからの生活にどのように生かしていくかをワークシートにまとめる。	②	①		観察 ワークシート
3・4 （本時）	1 前時までの学習を振り返る。 2 心肺停止状態においては，速やかな気道確保，胸骨圧迫，AED（自動体外式除細動器）の使用などが必要であること，及び方法や手順について，確認する。 3 社会の救急体制の整備を進めること，救急体制を適切に利用することが必要であることを確認する。				観察 ワークシート
	4 心肺蘇生法の実習を行う。 ・グループ毎に行い，全員が実施する。 ・方法や手順を確認しながら行う。 ・よくできたところや課題をワークシートに記入する。 5 実習を通して学習した内容をグループ内で発言し合い振り返りを行う。	③		①	観察 ワークシート （授業後）

4 本時の指導案（3，4／4時 …2時間で心肺蘇生法を指導する）

（1）本時の目標

◎心肺停止状態においては，速やかな気道確保，胸骨圧迫，AED（自動体外式除細動器）の使用などが必要であること，及び方法や手順について，実習を通して理解し，AEDなどを用いて心肺蘇生法を適切に行うことができるようにする。

○心肺蘇生法について，課題の解決に向けての学習に主体的に取り組もうとすることができるようにする。

（2）展開

段階	学習内容と学習活動	学習形態	教師の指導・支援（◆評価規準と方法）
3時限目	1　前時に学習した応急手当の手順や方法の資料を提示し，本時の学習内容について確認をする。	一斉	○応急手当の意味を踏まえながら，前時の学習内容を押さえる。 ○前時の振り返りをし，本時の学習内容を提示する。
	【学習課題】心肺蘇生法の方法や手順について理解し，ＡＥＤなどを用いた心肺蘇生法ができるようにする。		
	2　心肺停止状態においては，速やかな気道確保，胸骨圧迫，ＡＥＤ（自動体外式除細動器）の使用などが必要であること，及び方法や手順について，説明を聞く。	一斉	○心肺蘇生法の意義について，数値の根拠や図などを用いて説明する。 ○心肺停止状態においては，急速に回復可能性が失われることを説明する。 ○次時に本日の学習内容を基に実習を行うことを合わせて伝えておく。
	3　社会の救急体制の整備を進めること，救急体制を適切に利用することが必要であることについて話し合う。	一斉	○社会の救急体制の現状を示し，整備の必要性を説明する。
4時限目	4　前時で学習した心肺蘇生法について確認し，ＡＥＤなどを用いて心肺蘇生法を行う。また，実習で学んだことをワークシートにまとめる。 ・8グループに分かれて実習を行う。 準備するもの ※　心肺蘇生訓練人形　　8体使用 ※　ＡＥＤトレーナー　　8台使用	グループ	○胸骨圧迫の行い方に関する知識について，ワークシートでチェックしながら実習を行っていることを確認する。 ○胸骨圧迫を行う際の姿勢，圧迫位置，リズム，テンポ等を声に出し確認しながら実習を行うことを伝える。 ○ＡＥＤの操作手順を声に出し確認しながら実習を行うことを伝える。 ○グループ毎に教え合うよう声かけをする。
	◆〈知・技−③〉 ・心肺停止状態においては，速やかな気道確保，胸骨圧迫，ＡＥＤ（自動体外式除細動器）の使用などが必要であること，及び方法や手順について，実習を通して理解したことを言ったり書いたりしているとともに，ＡＥＤなどを用いて心肺蘇生法ができる。 　　　　　　　　　　　　　　　　　【観察（実習中）・ワークシート】		
	5　学習のまとめをする。 ・実習を通して学習した内容をグループ内で発言し合い振り返りを行う。 ・心肺蘇生法についての学習を振り返り，ワークシートにまとめる。	グループ 個人	○実習を通して学習した内容をグループ内で発言し合うことにより本時の学習を振り返るよう説明する。 ○心肺蘇生法について，手順や方法を身に付けるとともに，自ら進んで行う態度が必要であること，社会の救急体制の整備を進めること，救急体制を適切に利用することが大切であることを助言する。

※「主体的に学習に取り組む態度」については，単元を通して学習活動への取組の状況やワークシートの記述内容などから授業後に評価する。

5　観点別学習状況の評価の進め方

（1）基本的な考え方

「高等学校学習指導要領解説保健体育編　体育編－保健体育科改訂の趣旨－」において，改善に当たっての留意事項として「保健」の技能については，心肺蘇生等の応急手当を取り上げ，個人及び社会生活における健康・安全に関する基本的な技能を身に付けるよう指導することが重要であることが解説されている。その際，「実習を取り入れ，それらの意義や手順，及び課題の解決など，該当する知識や思考力，判断力，表現力等との関連を図ることに留意する必要がある。」と示されている。

本単元「応急手当」では，適切な応急手当を行うことにより，傷害や疾病の悪化を軽減できること，応急手当には，正しい手順や方法があること，また，応急手当は速やかに行う必要があることについて，実習を通して理解し，日常的な応急手当や心肺蘇生法ができるようにすることが学習内容である。

「知識・技能」の評価に当たっては，応急手当の意義や手順，方法等の知識や，基本的な技能を身に付けている学習状況を確認できるようにワークシート及び観察による評価を行うことが考えられる。その際，ワークシートの項目や技能を観察するポイントなどを工夫することが重要である。また，状況に応じて既有の知識及び技能と関連付けたり，活用したりする中で，日常生活の場面でも活用できる程度に理解したり，技能を身に付けたりしているかについても評価できるように工夫することも考えられる。なお，実習における評価場面では，応急手当の技能を知識と一体的に評価することに留意したい。例えば，心肺蘇生法の実習を行う際に，習得した知識を活用できるよう資料等で示し，それを確認しながら実習を行い技能の習得を図ったり，実習を行いながら，ポイントをワークシートに記載したりするなどが考えられる。

（2）本時における知識・技能の評価方法

本時の「知識・技能」の評価は，教師の観察，ワークシートの記述内容，相互評価の状況などにより，知識及び技能の習得状況を見取った。その際，教師が指導するポイントとして，「胸骨圧迫位置」「胸骨圧迫時の姿勢」「圧迫のテンポ」「圧迫の強さと解除」「ＡＥＤの操作手順」を明確にした。

相互評価の状況は，「生徒相互チェック表」を使用し，実習が適切にできているか教え合いを促し，生徒同士が相互評価をする活動を参考に評価した。生徒の人数によっては，実習の状況を教師の観察のみで評価することは難しいことが考えられる。生徒相互チェック表のポイントの確認や，助言の記述，実習への助言など教師が知識及び技能の習得状況を把握することにつなげることができた。

実習に併せて記載するワークシートの３では，心肺蘇生法について学習したことを記述させ評価した。その際，指導のポイントとして示した四つのポイントを用いて，方法や手順を説明していれば「おおむね満足できる」状況とし，具体例や理由を加えて記述しているものを「十分満足できる」状況とした。（ワークシートにおける生徒の記載例参照）

ア　ワークシート例　（知識・技能）

1　生徒相互チェック表（四つのポイント）			胸骨圧迫時の姿勢	圧迫のテンポ	圧迫の強さと解除	ＡＥＤ操作手順
組	番	氏名	胸骨圧迫時の姿勢	圧迫のテンポ	圧迫の強さと解除	ＡＥＤ操作手順
○	1	○○○○	✔	✔	✔	✔
○	2	○○○○		✔	✔	✔
○	3	○○○○	✔	✔	✔	✔
○	4	○○○○	✔	✔	✔	✔
○	5	○○○○	✔	✔	✔	✔

2　胸骨圧迫位置（図示すること）

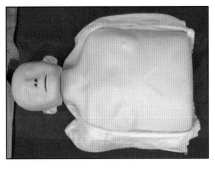

3 心肺蘇生法について，胸骨圧迫として「圧迫の姿勢」「圧迫のテンポ」「圧迫の強さと解除」の三つの内容と「AEDの操作手順」を含めて，学習したことを述べなさい。

イ　ワークシートにおける生徒の記載例

「おおむね満足できる」状況及び「十分満足できる」状況と判断する生徒の姿

・胸骨圧迫は，胸骨の下半分の付け根に手を置き，他方の手を上に重ね，両手を組む。肘が曲がらないように垂直に圧迫する。十分な血流を送るため，胸の真ん中を5cm沈み込むまで，100〜120／1分（アニメのテーマソングなど）の（同じ）テンポで，圧迫したら戻すこともしっかり行う。
・AEDは，電源を入れ，音声メッセージと点滅ランプの指示に従い，衣類を取り除き，胸をはだける。電極パッドをAEDに示された図の場所に貼り付ける。（音声メッセージに従い）電気ショックを行う。

> ※　下線で示したような心肺蘇生法の具体的な内容や手順が，記載されていなければ「おおむね満足できる」状況，記述されていれば「十分満足できる」状況と判断する。

・AEDは除細動をするためになるべく早く行う必要があるので，到着次第胸骨圧迫を中断して実施する。

> ※　また，胸骨圧迫とAEDの手順の関連が書かれているものを「十分満足できる」状況と判断する。

「努力を要する」状況と判断する生徒の手だて

・心肺蘇生法における胸骨圧迫やAEDの操作手順が適切にできていない生徒や，理解できない生徒に対しては，生徒相互チェック表の結果や他の生徒のアドバイスから改善策を見付けさせ，個別に指導する。

6　「知識・技能」の評価の留意点

　「知識・技能」を評価するに当たっては，観察やワークシートの記述，生徒の対話などにより，評価を行ってきたが，特に評価を進める上での留意点として，次の点を挙げることができる。

　一つ目は，観察の視点を明確にすることである。本事例においては，観察による評価を行う際，胸骨圧迫の方法，AEDの使用方法について理解をした上で実習ができているか。その方法の手順や行い方のポイントを押さえているかなど，設定した評価規準に基づいて観察の視点を明確にしておくことが必要である。

　二つ目は，本単元において，「知識・技能」の評価を適切に行うには，応急手当の意義や方法，手順などについて理解できるようにするとともに，応急手当を適切に行うための技能を身に付けることを目指していることから，実習を行う際に，応急手当の知識と技能を関連付けながら指導することに留意したい。

単元名	内容のまとまり
労働と健康	その次の年次 （3）生涯を通じる健康

　学習指導要領において「（3）生涯を通じる健康」は（ア）から（イ）までの内容で構成されている。本事例は（イ）を取り上げた「労働と健康」の指導と評価である。

1　単元の目標
(1) 労働災害と健康や働く人の健康の保持増進について，理解することができるようにする。
(2) 労働と健康に関わる事象や情報から課題を発見し，疾病等のリスクの軽減，生活の質の向上，健康を支える環境づくりなどと，解決方法を関連付けて考え，適切な方法を選択し，それらを説明できるようにする。
(3) 労働災害と健康，働く人の健康の保持増進について，自他の健康の保持増進や回復，それを支える環境づくりについての学習に主体的に取り組もうとすることができるようにする。

2　単元の評価規準

知識・技能	思考・判断・表現	主体的に学習に取り組む態度
①労働による傷害や職業病などの労働災害は，作業形態や作業環境の変化に伴い質や量が変化してきたこと，また，労働災害を防止するには，作業形態や作業環境の改善，長時間労働をはじめとする過重労働の防止を含む健康管理と安全管理が必要であることについて，理解したことを言ったり書いたりしている。 ②働く人の健康の保持増進は，職場の健康管理や安全管理とともに，心身両面にわたる総合的，積極的な対策の推進が図られることで成り立つこと，労働と健康に関する法律等が制定された背景や趣旨について，理解したことを言ったり書いたりしている。 ③働く人の日常生活においては，積極的に余暇を活用するなどして生活の質の向上を図ることなどで健康の保持増進を図っていくことが重要であることについて，理解したことを言ったり書いたりしている。	①労働災害と健康について，情報を整理したり，個人及び社会生活と関連付けたりして，自他や社会の課題を発見するとともに，個人の取組と社会的対策を整理して，労働災害を防止するための方策を選択している。 ②働く人の健康の保持増進のための職場の取組について，課題の解決方法と，それを選択した理由などを話し合ったり，ワークシートに記述したりして，筋道を立てて説明している。	①労働災害と健康・働く人の健康の保持増進について，課題の解決に向けての学習に主体的に取り組もうとしている。

3　指導と評価の計画（4時間）

	主な学習活動	知	思	態	評価方法
1	1　「働くことの意味」や「理想の仕事」について考え，ワークシートにまとめる。 2　産業構造の変化に伴い，働き方の多様化が進んでいることについて，説明を聞く。 3　産業構造や労働形態の変化に伴って健康面にどのような変化が現れたかを，資料をもとに整理する。 4　過重労働などが原因でストレスを強く感じたり，過労死や自殺にいたったりすることがあることについて説明を聞く。	①			ワークシート
2	1　前時までの学習を振り返る。 2　労働災害が発生した事例をもとに，労働環境を改善し，安全な職場の整備を推進するための方策について考える。 3　働く人の健康状態を把握するための方策及び職場における健康増進活動について説明を聞く。 4　労働者の健康保持について，健康診断の意義や健康診断の結果を踏まえた適切な事後措置を考える。 5　労働災害を防止するための方策について，ワークシートにまとめる。		①		観察 ワークシート
3 （本時）	1　前時までの学習を振り返る。 2　職場の健康管理や心身両面にわたる対策の重要性についての説明を聞く。 3　事例をもとに，職場における健康づくりの問題点について，自分の考えをワークシートにまとめる。 4　自分が職場の責任者だったら従業員の健康づくりのためにどのような取組ができるかを個人及びグループで考え，発表する。 5　各グループの発表に対し，従業員の視点から提案する。 6　職場における健康づくりの取組について，自分の考えをワークシートにまとめる。	②	②		観察 ワークシート
4	1　前時までの学習を振り返る。 2　労働と健康に関係する法律等が制定された背景や余暇の有効活用について説明を聞く。 3　余暇を有効に活用するために必要な条件について調べて，グループで話し合う。 4　生活の質の向上と健康の保持増進について，自分の考えをワークシートにまとめる。 5　単元を振り返り，学習したことをこれからの生活にどのように生かしていくかをワークシートにまとめる。	③		①	観察 ワークシート

第3編
事例8

4　本時の指導案（3／4時）

（1）本時の目標

○働く人の健康の保持増進は，職場の健康管理や安全管理とともに，心身両面にわたる総合的，積極的な対策の推進が図られることで成り立つことについて理解できるようにする。

◎働く人の健康の保持増進のための職場の取組について，課題の解決方法と，それを選択した理由などを話し合ったり，ワークシートに記述したりして，筋道を立てて説明できるようにする。

（2）展開

段階	学習内容と学習活動	学習形態	教師の指導・支援 （◆評価規準と方法）
導入	1　前時の振り返りをする。	全体	○労働災害の防止について，前時の学習内容を確認する。
	2　本時の学習内容について確認をする。	全体	○本時の学習内容を提示し，めあてや活動内容について理解できるようにする。
	【本時のねらい】 　職場における健康づくりの問題点について考え，従業員の健康の保持増進のための「健康づくりプラン」を作成しよう。		
展開	3　職場における健康づくりについて，資料（グラフ・事例）を見ながら説明を聞く。	全体	○前時で学習した労働災害の防止についても触れながら説明する。 ○健康づくりに取り組んでいる事業所数のグラフ等を視覚的に示す。
	4　教師が設定した架空の事業所の事例を読み，問題点とその理由をまとめる。 （ワークシート①）	個人	○問題点と思う部分にアンダーラインを引くよう指示する。 ○なぜ問題があると考えたか具体的に記述するよう指示する。

事例

　企業広告やホームページ制作などを行っている▲▲社は，従業員30人程度の小規模事業所で，従業員の平均年齢は46歳です。

　通常業務はパソコンを使用したデスクワークが中心で，勤務時間中は体を動かすことがほとんどありません。また，従業員の健康に対する関心が低く，年齢や性別に関係なく自分の健康状態や生活習慣に無頓着な従業員が多くみられます。また，肥満傾向の男性従業員の割合が年々高くなっています。

　従業員の喫煙率は約40%で，職場内に喫煙スペースがあります。喫煙スペースの密閉性が不十分なことから，従業員の中には漏れ出るたばこ煙が気になるという人もいます。

　社長は社内の健康づくりに取り組む必要があると考え，職場内の責任者を決めて，健康づくりの取組を進めようと考えています。

| 発問 |

　あなたは，この事業所の健康づくりの責任者を任されました。実効性のある取組（健康づくりプラン）を考え，その内容と期待できる効果を従業員に説明してください。

第3編
事例8

	5　事例の問題点を踏まえ，各自で「健康づくりプラン」を考える。 　　（ワークシート②）	個人 ↓	○自治体等が作成している優良事例等を示し，複数の取組が考えられるよう支援する。 ○企業側だけでなく，労働者の立場からも考えるよう助言する。 ○問題解決のための障壁を想定しながら，実効性のある取組を考えるよう助言する。
	6　各グループで「健康づくりプラン」を作成し，従業員に説明する形にまとめる。 　　（ワークシート②） ・各自が考えた取組をグループで出し合い，グループとしての「健康づくりプラン」を作成する。 ・各グループで作成した「健康づくりプラン」を発表する。 ・各グループの発表を聞き，従業員の立場から提案や感想を発表する。	グループ	 ○従業員が取り組みたいと思える発表となるよう助言する。 ○提案や感想のある生徒に発表を促す。
	7　他のグループの発表や従業員の立場からの提案を踏まえ，「健康づくりプラン」を考えた理由をまとめる。 　　（ワークシート②）	個人	○従業員の立場からの意見を踏まえ，実効性のあるプランとなっているか考えるよう助言する。 ○従業員からの提案を受け，修正する必要があるか考えるよう助言する。 ○理由は，なるべく具体的に記入するよう助言する。
	◆〈思・判・表－②〉 　働く人の健康の保持増進のための職場の取組について，課題の解決方法と，それを選択した理由などを話し合ったり，ワークシートに記述したりして，筋道を立てて説明している。 　　　　　　　　　　　　　　　　　　　　　　　　　　　【観察・ワークシート】		
まとめ	8　健康の保持増進を図るために，企業や事業所が取り組む健康づくりについて，自分の考えをワークシートにまとめる。	個人	○具体的な取組ではなく，職場における健康づくりの在り方についての考えを記入するよう指導する。

※本時の授業中には「思考・判断・表現」の観点のみ評価し，「知識・技能」についてはワークシートの記入状況から授業後に評価することとした。

5　観点別学習状況の評価の進め方

　本事例では，働く人の健康の保持増進について，企業の社会的責任と職場における健康づくりの取組を取り上げ，企業における健康づくりの課題と解決方法について考えるよう促した。生徒が最初の自分の考えやグループの考えをワークシートに記入し，他のグループの発表や話合いを踏まえて最終的な自分の考えをまとめることで，教師は記入したワークシートの内容やグループでの話合いの過程を観察により見取るようにする。

　評価に際しては，生徒が思考・判断したことを客観的に評価するために，ワークシートの記述が中心

となるが，ワークシートの記入内容だけでなく，自分の意見を発表している場面や，グループでの話合いの経過を観察で判断するなど評価方法を工夫する。

　評価に当たっては，具体的な課題を挙げて解決方法を説明していれば「おおむね満足できる」状況とし，自分たちの生活や社会問題と関連付けて説明できていれば「十分満足できる」状況として評価することが考えられる。

「おおむね満足できる」状況と判断する生徒の姿
発言内容やワークシートの記入内容から，以下のような課題解決方法や，それを選択した理由を見取ることができれば「おおむね満足できる」状況と判断する。 ・実現性や実効性のある取組を考え，説明している。 ・他のグループの発表や企業の優良事例で取り入れられている取組であることを理由としている。 ・具体的な根拠が示されていないが，事例の問題点を改善する必要があることを理由としている。
「十分満足できる」状況と判断する生徒の姿
働く人の健康の保持増進のための取組について，学習したことを基に，自分たちの生活や社会問題と関連付けて，具体的な改善方法等とそれを選択した理由について説明していれば，「十分満足できる」状況とする。 ・健康づくりの取組が実効性のあるものとするための理由を説明している。 ・単に優良事例を取り入れるだけでなく，従業員の健康状況等に合わせて改善した取組を選択し，その理由を説明している。 ・事例の問題点を解決するための具体的かつ効果的な取組例と，それを選択した理由について説明している。
「努力を要する」状況と判断する生徒への手立て
・取組優良企業の事例など，具体的な解決方法を想起させるような記事や資料を提示する。 ・これまでの学習内容から解決方法に結び付くものがないか振り返るよう助言する。

《 ワークシート作成の例 》

【ワークシート①】

（架空の事業所の事例）

問題があると思われる部分にアンダーラインを引こう

問題点とその理由

	問題点	理由
1		
2		
3		
4		
5		

想定される記述の例

（問題点）
・勤務中に体を動かす機会がない
・健康に対する関心が低い
・喫煙スペースの密閉性が不十分

（理由）
・運動不足になりやすいから
・不摂生によって病気にかかるリスクがあるから
・受動喫煙につながるから

【ワークシート②】

自分で考えた健康づくりプラン

	取組内容	期待できる効果
1		
2		

グループで考えた健康づくりプラン

	取組内容	期待できる効果
1		
2		
3		

取組を考えた理由
（他のグループの発表や従業員からの提案を踏まえて）

想定される記述の例

（取組内容）
- ・職場でできる運動の紹介
- ・掲示板を活用した健康情報の発信
- ・職場の敷地内を全面禁煙にする

（期待できる効果）
- ・運動不足の解消
- ・従業員の健康に対する意識の向上
- ・喫煙による病気にかかるリスクが減る

「おおむね満足できる」及び「十分満足できる」状況と判断する記述の例

- ・運動不足は生活習慣病につながるので，改善する必要があると思ったから。<u>毎日負荷の強い運動をすることが負担だという従業員の意見があったので，個人に合わせて無理なく運動を続けられるプランに修正した。</u>

- ・健康のための環境を整えても，従業員の健康に対する関心が低ければ効果がないので，掲示板などで健康づくりの重要性を伝えるなど，従業員が自分や同僚の健康に関心を持つ環境を作る取組から始めようと思ったから。

- ・職場を全面禁煙にすれば，吸いたい人も吸えなくなり，健康になると思ったから。従業員からはストレス解消のために職場での喫煙を認めてほしいとの提案があったが，<u>受動喫煙による健康への影響や喫煙の害を考えて，職場内の全面禁煙は変更しないことにした。ただし，禁煙したい人を支援する取組を追加した。</u>

※下線部のような記述が無いものは，「おおむね満足できる」状況，あるものは「十分満足できる」状況と判断する。

6 「思考・判断・表現」の評価の留意点

　「思考・判断・表現」の評価に当たっては，ワークシートを中心としつつ，観察やペーパーテストなど，多面的な評価方法を工夫し，組み合わせていく必要がある。例えば，違いに気付いたり，比較したり，関連付けたりすることを，ワークシートの記入内容だけで判断するのではなく，グループでの話合いの経過や発表の様子を観察で見取ることも考えられる。その際，設定した評価規準に基づいて観察の視点を明確にするとともに，発表の様子を録画したり，グループでの話合いで考えたことをノートなどに記述させたりするなど，生徒の状況を正確に見取るための工夫が必要である。

　また，他のグループの発表を聞き，自分のグループで考えた課題解決方法と比較することで，新たな課題を発見したり思考が深まったりすることが考えられる。このような生徒の思考の過程がわかるように，生徒が考えたことを段階的に記入させるなど，ワークシートの項目を工夫することが必要である。また，学習活動中は，生徒が自分の考えをまとめ，ワークシート等に記入する時間を十分に確保することも大切である。

単元名	内容のまとまり
生活習慣病などの予防と回復	入学年次 （1）現代社会と健康

　学習指導要領において「（1）現代社会と健康」は（ア）から（オ）までの内容で構成されている。本事例は（ウ）を取り上げた「生活習慣病などの予防と回復」の指導と評価である。

1　単元の目標
（1）生活習慣病などの予防と回復について，理解することができるようにする。
（2）生活習慣病などの予防と回復に関する情報から課題を発見し，疾病等のリスクの軽減，生活の質の向上，健康を支える環境づくりなどと，解決方法を関連付けて考え，適切な整備や活用方法を選択し，それらを説明することができるようにする。
（3）生活習慣病などの予防と回復について，自他や社会の健康の保持増進や回復，それを支える環境づくりについての学習に主体的に取り組もうとすることができるようにする。

2　単元の評価規準

知識・技能	思考・判断・表現	主体的に学習に取り組む態度
①生活習慣病などのリスクを軽減し予防するには，適切な運動，食事，休養及び睡眠など，調和のとれた健康的な生活を続けることが必要であること，定期的な健康診断やがん検診などを受診することが必要であることについて，理解したことを言ったり書いたりしている。 ②がんには，肺がん，大腸がん，胃がんなど様々な種類があり，生活習慣のみならず細菌やウイルスの感染などの原因もあることについて，理解したことを言ったり書いたりしている。 ③生活習慣病などの予防と回復には，個人の取組とともに，健康診断やがん検診の普及，正しい情報の発信など社会的な対策が必要であることについて，理解したことを言ったり書いたりしている。	①生活習慣病などの予防と回復について，それに関わる事象や情報などについて，健康に関わる原則や概念を基に整理したり，個人及び社会生活と関連付けたりして，自他や社会の課題を発見するとともに，習得した知識を基に，自他の生活習慣や社会環境を分析し，リスクの軽減と生活の質の向上に必要な個人の取組や社会的な対策を整理している。 ②生活習慣病などの予防と回復について，自他や社会の課題の解決方法とそれを選択した理由などを話し合ったり，ノートなどに記述したりして，筋道を立てて説明している。	①生活習慣病などの予防と回復について課題の解決に向けた学習活動に主体的に取り組もうとしている。

※「単元の評価規準」は単元の目標を踏まえるとともに，「知識・技能」や「思考・判断・表現」は「学習指導要領解説保健体育　体育編」の内容や例示を基に，「主体的に学習に取り組む態度」は第2編で示した評価の観点の趣旨を参考にして，実際の学習活動をイメージして作成した。

3 指導と評価の計画（4時間）

　表の右部分の図は，本単元における主体的に学習に取り組む態度の評価の方法等をイメージしたもので，単元の終末の評価機会だけでなく，単元を通して生徒の学習改善や教師の指導改善につなげる評価を継続的に行い，最後に総括することを示したものである。

	主な学習活動	知	思	態	主体的に学習に取り組む態度の評価の方法等のイメージ
1	1　求められる学びの姿について説明を聞く。 2　がん，脳血管疾患，虚血性心疾患，高血圧症，脂質異常症，糖尿病についての説明を聞く。 3　2の生活習慣病などの発生要因とその予防について，個人の考えをワークシートに記入する。 4　2の生活習慣病などの発生要因とその予防について，グループで話し合い，予防に必要なことを分類し，発表する。 5　振り返り及び本時の学びの姿について自己評価を行う。教師から，望ましい学びの姿の事例の説明を聞く。	①			
2	1　前時のワークシートの記入から，次は何を学習し，そのために他の人の意見を聞き出すなど「学習の調整の仕方」について説明を聞く。 2　がんの発生についての説明を聞き，がんの種類とその5年生存率について資料からワークシートにまとめる。 3　我が国のがん検診受診率について，地域間や男女間で比較することにより，課題について，個人でまとめた後，グループで話し合い，発表する。 4　がんの治療方法，がんの患者等の生活の質の向上や緩和ケアの必要性についての説明を聞く。 5　振り返り及び次時の学びの見通しについて整理する。	②	①		
3	1　既習内容との関わりや次に生じる課題や疑問について自ら考えることができるよう学習の見通しをもつ。 2　個人でできる生活習慣病などの予防や回復に関する取組についてグループ内で意見を出し合う。 3　個人の取組が進まない理由についてグループで話し合い，課題をワークシートに整理するとともに発表する。 4　振り返り及び次時の学びの見通しについて整理する。	③			
4	1　前時の学習内容から，生活習慣病などの予防や回復に向けて，社会的な対策の必要性や課題について振り返る。 2　グループごとに課題を設定し，社会的対策について個人でワークシートにまとめる。 3　グループで話し合い，発表する。 4　3の内容を踏まえ，グループで役割を決め，様々な立場から対策を考える。 5　社会的対策の課題と対応策について，グループで提言を行う。 6　本時の学びの姿について振り返り，ワークシートにまとめる。		②	①	

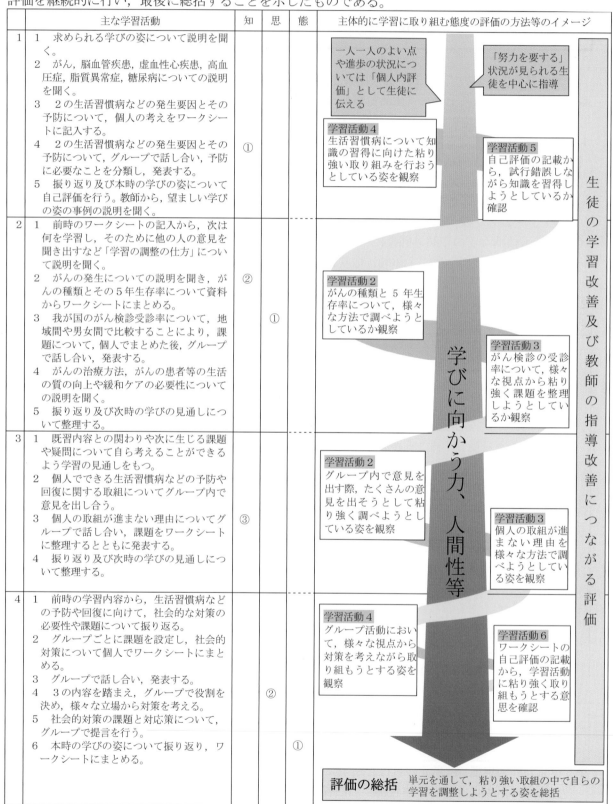

※本計画では，「主体的に学習に取り組む態度」の評価について説明するため，「知識・技能」「思考・判断・表現」についての評価に関する記載は省略している。

※「主体的に学習に取り組む態度」については，単元全体を通して評価していくため「破線」で区切っている。

4　本時の指導案（4／4時）

（1）本時の目標

　　○生活習慣病などの予防と回復について，自他や社会の課題の解決方法とその選択した理由など
　　　を話し合ったり，ノートなどに記述したりして筋道を立てて説明できるようにする。
　　◎生活習慣病などの予防と回復について，課題の解決に向けた学習に主体的に取り組もうとする
　　　ことができるようにする。

（2）展開

段階	学習内容と学習活動	学習形態	教師の指導・支援（◆評価規準と方法）
導入	1　友達の発表やワークシートで，前時までに学習した内容及び本時の学習内容を確認し，ゴールイメージについて共有を図る。	一斉 一斉	○生活習慣病などの予防や回復に向けた個人の対策や課題について，前時までの学習内容が本時の学習につながる発問をする。 ○本時の学習内容を提示し，話合いを通して学びが深められることを説明することで主体的に学習に取り組むよう促す。

【学習課題】グループごとにテーマを設定し，社会的対策の課題について解決方法を考えよう。

段階	学習内容と学習活動	学習形態	教師の指導・支援（◆評価規準と方法）
展開	2　グループで設定したテーマに基づき，社会的対策に関する課題について個人でまとめる。	個人	○課題は既習内容の中から，①運動習慣の改善，②健康診断やがん検診の受診率の向上，③がん患者の生活の質の向上，の中からグループごとに割り振る。
	3　2の内容をグループで話し合い，発表する。	グループ↓全体	○まずは順番に発言するなど，全員が発言できるよう促す。 ○話合いや発表により，自分にはなかった意見に対し，感じたことをメモしておくよう指示する。
	4　3の内容を踏まえ，グループで個人，家族・友達，先生，病院の院長，知事，厚生労働大臣の立場で役割を決め，その立場から対策を話し合う。	グループ	○異なる立場からの意見に対し，よりよい対策となるよう，自分の立場での気付いた点を発言したり，他の立場からの意見を求めたりすることを促す。
	5　社会的対策について，グループで話し合った解決策をまとめ，厚生労働大臣役の生徒が対策として提言する。	グループ	○考えがより深められ，筋道を立てた説明となるよう，教師は机間指導しながら対策の理由を質問するなどの助言をする。

◆〈態−①〉
　生活習慣病などの予防と回復について，課題の解決に向けた学習に主体的に取り組もうとしている。

【観察（授業中）・学習カード（授業後）】

段階	学習内容と学習活動	学習形態	教師の指導・支援（◆評価規準と方法）
まとめ	6　生活習慣病などの予防に関する自他や社会的対策について，話合いを通して理解したことをワークシートにまとめる。	個人	○ワークシートに記入することにより本時の学習を振り返るとともに，話合いの際に工夫した事項について記載するよう促す。

第3編
事例9

5　観点別学習状況の評価の進め方
（1）基本的な考え方

　「主体的に学習に取り組む態度」は毎時間の「知識及び技能」や「思考力，判断力，表現力等」を育む学習活動を通して育成され，その積み重ねにより科目としての「主体的に学習に取り組む態度」が育成されるものと考えられる。また，育成等に一定の期間が必要となることから，単元を通して育成を図ることが必要である。「主体的に学習に取り組む態度」が育成されることにより，生徒は主体的に学習に取り組み，「知識及び技能」や「思考力，判断力，表現力等」の育成につながるものと考えられる。

　また，「主体的に学習に取り組む態度」の評価は，単に積極的な発言が多いことなど行動面の傾向をもってのみ評価するものではなく，生徒の意思的な側面を評価することが重要である。そのため，評価の対象が主に生徒の行動面に限定されることがないよう，観察だけでなくワークシート等を活用するなど評価方法を工夫し，生徒の意思的な側面を把握する必要がある。

　「主体的に学習に取り組む態度」の評価機会は，単元全体を通して総合的に評価することができる単元の後半に設定するなどの工夫が必要であるが，適切に指導・評価するためには，単元の終わりの1単位時間での評価機会のみで評価すると考えるのではなく，指導の重点化が図られていない単位時間においても指導場面を意図的に設定し，ワークシートやグループワークなどへの取組状況などの評価の材料を蓄積することが重要である。このことにより，単元の終末で評価を総括する際に，評価の妥当性・信頼性を高めることができる。

　しかし，毎時間，全ての生徒の「主体的に取り組む態度」を評価することは現実的ではないため，指導場面の設定や記録の対象等について工夫する必要がある。

（2）本単元における主体的に学習に取り組む態度の評価の例

　本事例では，「主体的に学習に取り組む態度」の指導の重点化が図られているのは4時間目のみとしたが，指導の重点化が図られていない1〜3時間目においても指導に生かすための評価を行う場面を設定した。その際，生徒の学習改善及び教師の指導改善につなげることをねらいとした視点で「努力を要する」状況の生徒の把握や指導を行い，単元の終末の評価場面で変容を見取ることとした。

　ア　ワークシートを活用した指導と評価の仕方

　本事例では単元の導入で，単元を通して身に付けたいゴールイメージを共有するとともに，生徒が自らの学習の仕方に目が向くように，課題に対する取り組み方と自己評価を毎時間ワークシートに記載させることとした。

　生徒はこれまでの学習の仕方と比較しながら毎時間の学習を振り返ることができ，より効果的な学習の進め方を模索することにつながると考える。

　また，教師は，記載内容から生徒の意思的な側面を把握し，「努力を要する」状況の生徒に対し，ワークシートへのコメントで指導するとともに，次時の指導改善につなげることとした。

【本単元で求められる学びの姿の例】

・資料を粘り強く探し，学習カードに具体的な例を示そうとしている。
・話合いの場面で，仲間の考えから気付いたことを自分の考えに生かそうとしている。
・授業の流れを振り返り，学びが深まった学習活動について整理し，次時に生かそうとしている。

　イ　グループワークなどを活用した指導と評価の仕方

　単元の導入で示した本単元で求められる学びの姿に照らし，グループワークなどの発言や発表の状況を観察で評価し，「努力を要する」生徒には，個別に指導するとともに学習の改善につなげるようにした。観察評価を通して，個別指導や本時のまとめで，工夫して取り組んでいる生徒の例を示し，どのような学習効果が期待できるのかを説明することで，生徒がワークシートで自己評価を行う際に自分の取組と比較し，次時での取り組み方を工夫しようとすることが期待できる。

　生徒がグループワークなどに意欲的に取り組むためには，安心して発言できる環境づくりや発言

により学びが深まることを生徒が理解していることが必要であると考えられ，そのために教師は「仲間の発言は否定しない」等の授業内でのルールづくりをすることや，生徒の発言や発表の際に賞賛するとともに，その価値付けを行うことが重要である。

　グループワークによる発言や発表の機会を経験することにより，自分の考えを整理しようとしたり，他人の意見との相違点への気付きから自分の考えを深めようとしたりすることにつながり，その積み重ねにより，主体的に学習に取り組む態度が育成されていくものと考える。

ウ　本時（4／4時間）の指導と評価の例

　本時は「思考・判断・表現」及び「主体的に学習に取り組む態度」の指導の重点化を図っていることから，グループワークなどで社会的対策の課題を見付け，課題の解決に向けて異なる立場の意見から自分の考えを深めようとしている状況を見取る必要がある。そのため，教師は机間指導をしながらグループワークの状況を観察することとした。

　その際，発言が少なく，あまり積極的に参加していない生徒については，机間指導で発言を聞き取ることが難しいため，当該生徒に対し教員が意見を求めたり，理由を尋ねたりすることに対する反応で一部を評価することができると考える。また，配付した付箋に意見を書き出したり，ＩＣＴのチャット機能を活用したりして意見を表現する方法により，発言が苦手な生徒の学習意欲を高めることができると考える。

　評価の際には，ワークシートへの記載内容に「自分の考えを仲間に理解してもらうため，理由を説明しようと思った。」等の思考を深めようと努力している様子を見取ることができれば「おおむね満足できる」状況として判断した。

【観察評価の例】

「十分満足できる」状況と判断する生徒の姿の例	「おおむね満足できる」状況と判断する生徒の姿の例
・異なる立場の意見と触れながら，自分の考えに修正を加えるために，資料や仲間の意見から適切な根拠を得ようとしている。 ・最初に示した根拠で納得してもらえなかったので，別の根拠を例示して説明しようとしている。 ・仲間との話合いを通して，再度，根拠を調べ直すなどして，自分の考えを改善しようとしている。	・異なる立場の意見と触れながら，自分の考えをよりよくするために，資料や仲間の意見を参考にしようとしている。 ・自分の考えを仲間に理解してもらうために説明しようとしている。 ・仲間との話合いを通して，自分の考えを改善しようとしている。

【本時のワークシートの例】

前時
① 生活習慣病などの予防に向けた個人の取組の課題について，自分の考えが整理できた主な理由

② 考えをより深めるためには，どんなことが必要か

本時
① 生活習慣病などの予防に向けた社会的対策の課題について，異なる立場の意見から気付いたこと

② ①を踏まえて，自己や仲間の理解を深めるために工夫したこと

【本時のワークシート②の評価の例】

「十分満足できる」状況と判断する記載例

・生活習慣病などの予防対策について自分にはない考えを聞き，課題に対する見方が変わったため，科学的な根拠に基づき自分の意見を再考する段階を設定しようと思った。
・生活習慣の改善や健康診断等の普及が必要であることを踏まえ，仲間が納得するように共感できる例を挙げ，根拠を示しながら論理的に説明しようと思った。
・どのような社会的対策が効果的なのか仲間との合意がしにくかったため，社会的対策の課題を確認した上で根拠を示して，方策を説明しようと思った。

「おおむね満足できる」状況と判断する記載例

・仲間の意見を聞いてから自分の考えを見直してみようと思った。
・自分の考えを仲間に理解してもらうため，理由を説明しようと思った。
・意見がまとまりにくかったため，他の立場の人に取り組んで欲しい対策を発言しようと思った。

エ　評価の記録（補助記録簿）

　評価補助記録簿を用いることにより，単位時間ごとに他の観点の評価やワークシートの評価との整合性を可視化することや単元の終末の評価場面で生徒の変容を見取る際にこれまでの評価を確認することができる。

　教師が授業後にワークシートを評価する際には，本時の観察評価と合わせて評価する必要があり，観察による教師の評価を修正することも考えられる。このことにより，生徒の行動面のみにとらわれない評価とすることができると考える。

【補助記録簿の例】

評価機会	評価の観点	1	2	3	4	総括
		知①	知②思①	知③	思②主①	
生徒A	知・技	A	B	A	−	A
	思・判・表	−	A	−	A	A
	主体的態度		◎		A	A
生徒B	知・技	B	B	B	−	B
	思・判・表	−	C	−	B	B
	主体的態度	要観察	要観察	○	B	B

生徒Aの評価は，2時間目は，観察から，がん検診受診にかかる地域や性別による課題について，根拠を示しながら仲間に説明しようと取り組んでいたことが確認できたため，十分満足できる状況と捉えて◎を記録した。
4時間目の評価は，与えられた立場で課題の解決に向けて，自分の考えに修正を加えるために仲間の意見から根拠を得ようとしていたことが確認できたことに加え，2時間目の◎を踏まえて「十分満足できる状況」のA評価とした。

生徒Bの評価は，1・2時間目は，「グループワークに全く参加しようとせず，ワークシートからも取り組んだことが見とれなかったことから，努力を要する状況と捉え「要観察」を記録し，次時の学習に生かすよう助言をした。
3時間目は，1・2時間目の指導により，個人の取組が進まない理由や社会的な対策が必要な理由を資料から調べよう等する姿が見られたため，「おおむね満足できる状況」に改善されたと捉えて○を記録した。
4時間目の評価は，自分の考えを仲間に理解してもらうために説明しようとする姿が見られたことに加え，1～3時間目の記録を踏まえて「おおむね満足できる状況」のB評価とした。

6　「主体的に学習に取り組む態度」の評価の留意点

○　他の観点の評価との整合性

　「主体的に学習に取り組む態度」は単位時間における指導の重点化が図られている観点に対する取組状況によって評価するものと考えると，各単位時間で指導の重点化が図られている観点の評価との整合性に留意する必要がある。例えば「知識・技能」や「思考・判断・表現」が「十分満足できる」評価の生徒が「主体的に学習に取り組む態度」が「努力を要する」評価となることは考えにくい。

○　積み重ねによる指導

　「主体的に学習に取り組む態度」は生徒の学習状況に対応した指導を繰り返しながら育成することをねらっているため，単位時間や単元ごとの指導の積み重ねが科目としての態度につながると考えられる。本事例では，単元を通して評価する場面を多く設定したが，教師が評価に追われて，適切な指導ができなくなることは避けなければならない。「主体的に学習に取り組む態度」の評価を行うに当たり，教師と生徒がゴールのイメージを共有し，教師が継続的な指導ができる状態でいることが重要である。

　本事例では一つの単元で完結する計画を示したが，各学校が設定する単元ごとに指導の細分化や重点化を図っていくことや複数の単元をまたがって評価することも考えられる。

巻末資料

高等学校保健体育科における「内容のまとまりごとの評価規準（例）」

第1　体育
1　体育　目標と評価の観点及びその趣旨

	（1）	（2）	（3）
目標	運動の合理的，計画的な実践を通して，運動の楽しさや喜びを深く味わい，生涯にわたって運動を豊かに継続することができるようにするため，運動の多様性や体力の必要性について理解するとともに，それらの技能を身に付けるようにする。	生涯にわたって運動を豊かに継続するための課題を発見し，合理的，計画的な解決に向けて思考し判断するとともに，自己や仲間の考えたことを他者に伝える力を養う。	運動における競争や協働の経験を通して，公正に取り組む，互いに協力する，自己の責任を果たす，参画する，一人一人の違いを大切にしようとするなどの意欲を育てるとともに，健康・安全を確保して，生涯にわたって継続して運動に親しむ態度を養う。

（高等学校学習指導要領 P. 131）

観点	知識・技能	思考・判断・表現	主体的に学習に取り組む態度
趣旨	運動の合理的，計画的な実践に関する具体的な事項や生涯にわたって運動を豊かに継続するための理論について理解しているとともに，目的に応じた技能を身に付けている。	自己や仲間の課題を発見し，合理的，計画的な解決に向けて，課題に応じた運動の取り組み方や目的に応じた運動の組み合わせ方を工夫しているとともに，それらを他者に伝えている。	運動の楽しさや喜びを深く味わうことができるよう，運動の合理的，計画的な実践に自主的に取り組もうとしている。

（改善等通知　別紙5　P. 2）

2　内容のまとまりごとの評価規準（例）　入学年次
A　体つくり運動

知識・技能	思考・判断・表現	主体的に学習に取り組む態度
○知識 ・運動を継続する意義，体の構造，運動の原則などについて理解している。 ※「体つくり運動」の体ほぐしの運動は，技能の習得・向上をねらいとするものでないこと，実生活に生かす運動の計	・自己や仲間の課題を発見し，合理的な解決に向けて運動の取り組み方を工夫するとともに，自己や仲間の考えたことを他者に伝えている。	・体つくり運動に自主的に取り組むとともに，互いに助け合い教え合おうとすること，一人一人の違いに応じた動きなどを大切にしようとすること，話合いに貢献しようとすることなどをしたり，健康・安全を確保したりしている。

知識・技能	思考・判断・表現	主体的に学習に取り組む態度
画は，運動の計画を立てることが主な目的となることから，「技能」の評価規準は設定していない。		

B　器械運動

知識・技能	思考・判断・表現	主体的に学習に取り組む態度
○知識 ・技の名称や行い方，運動観察の方法，体力の高め方などについて理解している。 ○技能 ・マット運動では，回転系や巧技系の基本的な技を滑らかに安定して行うこと，条件を変えた技や発展技を行うこと及びそれらを構成し演技することができる。 ・鉄棒運動では，支持系や懸垂系の基本的な技を滑らかに安定して行うこと，条件を変えた技や発展技を行うこと及びそれらを構成し演技することができる。 ・平均台運動では，体操系やバランス系の基本的な技を滑らかに安定して行うこと，条件を変えた技や発展技を行うこと及びそれらを構成し演技することができる。 ・跳び箱運動では，切り返し系や回転系の基本的な技を滑らかに安定して行うこと，条件を変えた技や発展技を行うことができる。	・技などの自己や仲間の課題を発見し，合理的な解決に向けて運動の取り組み方を工夫するとともに，自己の考えたことを他者に伝えている。	・器械運動に自主的に取り組むとともに，よい演技を讃えようとすること，互いに助け合い教え合おうとすること，一人一人の違いに応じた課題や挑戦を大切にしようとすることなどをしたり，健康・安全を確保したりしている。

C　陸上競技

知識・技能	思考・判断・表現	主体的に学習に取り組む態度
○知識 ・技術の名称や行い方，体力の高め方，運動観察の方法などについて理解している。 ○技能 ・短距離走・リレーでは，中間走へのつなぎを滑らかにして速く走ることやバトンの受渡しで次走者のスピードを十分高めることができる。 ・長距離走では，自己に適したペースを維持して走ることができる。 ・ハードル走では，スピードを維持した走りからハードルを低く越すことができる。 ・走り幅跳びでは，スピードに乗った助走から力強く踏み切って跳ぶことができる。 ・走り高跳びでは，リズミカルな助走から力強く踏み切り滑らかな空間動作で跳ぶことができる。 ・三段跳びでは，短い助走からリズミカルに連続して跳ぶことができる。 ・砲丸投げでは，立ち投げなどから砲丸を突き出して投げることができる。 ・やり投げでは，短い助走からやりを前方にまっすぐ投げることができる。	・動きなどの自己や仲間の課題を発見し，合理的な解決に向けて運動の取り組み方を工夫するとともに，自己の考えたことを他者に伝えている。	・陸上競技に自主的に取り組むとともに，勝敗などを冷静に受け止め，ルールやマナーを大切にしようとすること，自己の責任を果たそうとすること，一人一人の違いに応じた課題や挑戦を大切にしようとすることなどをしたり，健康・安全を確保したりしている。

D　水泳

知識・技能	思考・判断・表現	主体的に学習に取り組む態度
○知識	・泳法などの自己や仲間の課題を	・水泳に自主的に取り組むとと

| ・技術の名称や行い方，体力の高め方，運動観察の方法などについて理解している。
○技能
・クロールでは，手と足の動き，呼吸のバランスを保ち，安定したペースで長く泳いだり速く泳いだりすることができる。
・平泳ぎでは，手と足の動き，呼吸のバランスを保ち，安定したペースで長く泳いだり速く泳いだりすることができる。
・背泳ぎでは，手と足の動き，呼吸のバランスを保ち，安定したペースで泳ぐことができる。
・バタフライでは，手と足の動き，呼吸のバランスを保ち，安定したペースで泳ぐことができる。
・複数の泳法で泳ぐこと，又はリレーをすることができる。 | 発見し，合理的な解決に向けて運動の取り組み方を工夫するとともに，自己の考えたことを他者に伝えている。 | もに，勝敗などを冷静に受け止め，ルールやマナーを大切にしようとすること，自己の責任を果たそうとすること，一人一人の違いに応じた課題や挑戦を大切にしようとすることなどをしたり，水泳の事故防止に関する心得を遵守するなど健康・安全を確保したりしている。 |

E　球技

知識・技能	思考・判断・表現	主体的に学習に取り組む態度
○知識 ・技術の名称や行い方，体力の高め方，運動観察の方法などについて理解している。 ○技能 ・ゴール型では，安定したボール操作と空間を作りだすなどの動きによってゴール前への侵入などから攻防をすることができる。 ・ネット型では，役割に応じた	・攻防などの自己やチームの課題を発見し，合理的な解決に向けて運動の取り組み方を工夫するとともに，自己や仲間の考えたことを他者に伝えている。	・球技に自主的に取り組むとともに，フェアなプレイを大切にしようとすること，作戦などについての話合いに貢献しようとすること，一人一人の違いに応じたプレイなどを大切にしようとすること，互いに助け合い教え合おうとすることなどをしたり，健康・安全を確保したりしている。

	知識・技能	思考・判断・表現	主体的に学習に取り組む態度
	ボール操作や安定した用具の操作と連携した動きによって空いた場所をめぐる攻防をすることができる。 ・ベースボール型では，安定したバット操作と走塁での攻撃，ボール操作と連携した守備などによって攻防をすることができる。		

F　武道

知識・技能	思考・判断・表現	主体的に学習に取り組む態度
○知識 ・伝統的な考え方，技の名称や見取り稽古の仕方，体力の高め方などについて理解している。 ○技能 ・柔道では，相手の動きの変化に応じた基本動作や基本となる技，連絡技を用いて，相手を崩して投げたり，抑えたりするなどの攻防をすることができる。 ・剣道では，相手の動きの変化に応じた基本動作や基本となる技を用いて，相手の構えを崩し，しかけたり応じたりするなどの攻防をすることができる。	・攻防などの自己や仲間の課題を発見し，合理的な解決に向けて運動の取り組み方を工夫するとともに，自己の考えたことを他者に伝えている。	・武道に自主的に取り組むとともに，相手を尊重し，伝統的な行動の仕方を大切にしようとすること，自己の責任を果たそうとすること，一人一人の違いに応じた課題や挑戦を大切にしようとすることなどをしたり，健康・安全を確保したりしている。

G　ダンス

知識・技能	思考・判断・表現	主体的に学習に取り組む態度
○知識 ・ダンスの名称や用語，踊りの特徴と表現の仕方，交流や発表の仕方，運動観察の方法，体力の高め方などについて理	・表現などの自己や仲間の課題を発見し，合理的な解決に向けて運動の取り組み方を工夫するとともに，自己や仲間の考えたことを他者に伝えている。	・ダンスに自主的に取り組むとともに，互いに助け合い教え合おうとすること，作品や発表などの話合いに貢献しようとすること，一人一人の違い

巻末
資料

解している。 ○技能 ・創作ダンスでは，表したいテーマにふさわしいイメージを捉え，個や群で，緩急強弱のある動きや空間の使い方で変化を付けて即興的に表現したり，簡単な作品にまとめたりして踊ることができる。 ・フォークダンスでは，日本の民踊や外国の踊りから，それらの踊り方の特徴を捉え，音楽に合わせて特徴的なステップや動きと組み方で踊ることができる。 ・現代的なリズムのダンスでは，リズムの特徴を捉え，変化とまとまりを付けて，リズムに乗って全身で踊ることができる。		に応じた表現や役割を大切にしようとすることなどをしたり，健康・安全を確保したりしている。

H　体育理論

(1) スポーツの文化的特性や現代のスポーツの発展

知識・技能	思考・判断・表現	主体的に学習に取り組む態度
○知識 ・スポーツの文化的特性や現代のスポーツの発展について理解している。 ※体育理論については「技能」に係る評価の対象がないことから，「技能」の評価規準は設定していない。	・スポーツの文化的特性や現代のスポーツの発展について，課題を発見し，よりよい解決に向けて思考し判断するとともに，他者に伝えている。	・スポーツの文化的特性や現代のスポーツの発展についての学習に自主的に取り組もうとしている。

3　内容のまとまりごとの評価規準（例）　入学年次の次の年次以降

A　体つくり運動

知識・技能	思考・判断・表現	主体的に学習に取り組む態度
○知識 ・体つくり運動の行い方，体力の構成要素，実生活への取り入れ方などについて理解している。 ※「体つくり運動」の体ほぐしの運動は，技能の習得・向上をねらいとするものでないこと，実生活に生かす運動の計画は，運動の計画を立てることが主な目的となることから，「技能」の評価規準は設定していない。	・生涯にわたって運動を豊かに継続するための自己や仲間の課題を発見し，合理的，計画的な解決に向けて取り組み方を工夫するとともに，自己や仲間の考えたことを他者に伝えている。	・体つくり運動に主体的に取り組むとともに，互いに助け合い高め合おうとすること，一人一人の違いに応じた動きなどを大切にしようとすること，合意形成に貢献しようとすることなどをしたり，健康・安全を確保したりしている。

B　器械運動

知識・技能	思考・判断・表現	主体的に学習に取り組む態度
○知識 ・技の名称や行い方，体力の高め方，課題解決の方法，発表の仕方などについて理解している。 ○技能 ・マット運動では，回転系や巧技系の基本的な技を滑らかに安定して行うこと，条件を変えた技や発展技を行うこと及びそれらを構成し演技することができる。 ・鉄棒運動では，支持系や懸垂系の基本的な技を滑らかに安定して行うこと，条件を変えた技や発展技を行うこと及びそれらを構成し演技すること	・生涯にわたって運動を豊かに継続するための自己や仲間の課題を発見し，合理的，計画的な解決に向けて取り組み方を工夫するとともに，自己や仲間の考えたことを他者に伝えている。	・器械運動に主体的に取り組むとともに，よい演技を讃えようとすること，互いに助け合い高め合おうとすること，一人一人の違いに応じた課題や挑戦を大切にしようとすることなどをしたり，健康・安全を確保したりしている。

知識・技能	思考・判断・表現	主体的に学習に取り組む態度
ができる。 ・平均台運動では，体操系やバランス系の基本的な技を滑らかに安定して行うこと，条件を変えた技や発展技を行うこと及びそれらを構成し演技することができる。 ・跳び箱運動では，切り返し系や回転系の基本的な技を滑らかに安定して行うこと，条件を変えた技や発展技を行うことができる。		

C　陸上競技

知識・技能	思考・判断・表現	主体的に学習に取り組む態度
○知識 ・技術の名称や行い方，体力の高め方，課題解決の方法，競技会の仕方などについて理解している。 ○技能 ・短距離走・リレーでは，中間走の高いスピードを維持して速く走ることやバトンの受渡しで次走者と前走者の距離を長くすることができる。 ・長距離走では，ペースの変化に対応して走ることができる。 ・ハードル走では，スピードを維持した走りからハードルを低くリズミカルに越すことができる。 ・走り幅跳びでは，スピードに乗った助走と力強い踏み切りから着地までの動きを滑らかにして跳ぶことができる。 ・走り高跳びでは，スピードのあるリズミカルな助走から力強く踏み切り，滑らかな空間動作で跳ぶことができる。	・生涯にわたって運動を豊かに継続するための自己や仲間の課題を発見し，合理的，計画的な解決に向けて取り組み方を工夫するとともに，自己や仲間の考えたことを他者に伝えている。	・陸上競技に主体的に取り組むとともに，勝敗などを冷静に受け止め，ルールやマナーを大切にしようとすること，役割を積極的に引き受け自己の責任を果たそうとすること，一人一人の違いに応じた課題や挑戦を大切にしようとすることなどをしたり，健康・安全を確保したりしている。

知識・技能		
・三段跳びでは，短い助走からリズミカルに連続して跳ぶことができる。 ・砲丸投げでは，立ち投げなどから砲丸を突き出して投げることができる。 ・やり投げでは，短い助走からやりを前方にまっすぐ投げることができる。		

D　水泳

知識・技能	思考・判断・表現	主体的に学習に取り組む態度
○知識 ・技術の名称や行い方，体力の高め方，課題解決の方法，競技会の仕方などについて理解している。 ○技能 ・クロールでは，手と足の動き，呼吸のバランスを保ち，伸びのある動作と安定したペースで長く泳いだり速く泳いだりすることができる。 ・平泳ぎでは，手と足の動き，呼吸のバランスを保ち，伸びのある動作と安定したペースで長く泳いだり速く泳いだりすることができる。 ・背泳ぎでは，手と足の動き，呼吸のバランスを保ち，安定したペースで長く泳いだり速く泳いだりすることができる。 ・バタフライでは，手と足の動き，呼吸のバランスを保ち，安定したペースで長く泳いだり速く泳いだりすることができる。 ・複数の泳法で長く泳ぐこと又はリレーをすることができる。	・生涯にわたって運動を豊かに継続するための自己や仲間の課題を発見し，合理的，計画的な解決に向けて取り組み方を工夫するとともに，自己や仲間の考えたことを他者に伝えること。	・水泳に主体的に取り組むとともに，勝敗などを冷静に受け止め，ルールやマナーを大切にしようとすること，役割を積極的に引き受け自己の責任を果たそうとすること，一人一人の違いに応じた課題や挑戦を大切にしようとすることなどをしたり，水泳の事故防止に関する心得を遵守するなど健康・安全を確保したりしている。

巻末資料

E　球技

知識・技能	思考・判断・表現	主体的に学習に取り組む態度
○知識 ・技術などの名称や行い方，体力の高め方，課題解決の方法，競技会の仕方などについて理解している。 ○技能 ・ゴール型では，状況に応じたボール操作と空間を埋めるなどの動きによって空間への侵入などから攻防をすることができる。 ・ネット型では，状況に応じたボール操作や安定した用具の操作と連携した動きによって空間を作り出すなどの攻防をすることができる。 ・ベースボール型では，状況に応じたバット操作と走塁での攻撃，安定したボール操作と状況に応じた守備などによって攻防をすることができる。	・生涯にわたって運動を豊かに継続するためのチームや自己の課題を発見し，合理的，計画的な解決に向けて取り組み方を工夫するとともに，自己やチームの考えたことを他者に伝えている。	・球技に主体的に取り組むとともに，フェアなプレイを大切にしようとすること，合意形成に貢献しようとすること，一人一人の違いに応じたプレイなどを大切にしようとすること，互いに助け合い高め合おうとすることなどをしたり，健康・安全を確保したりしている。

F　武道

知識・技能	思考・判断・表現	主体的に学習に取り組む態度
○知識 ・伝統的な考え方，技の名称や見取り稽古の仕方，体力の高め方，課題解決の方法，試合の仕方などについて理解している。 ○技能 ・柔道では，相手の動きの変化に応じた基本動作から，得意技や連絡技・変化技を用いて，素早く相手を崩して投げたり，抑えたり，返したりするなどの攻防をすることができる。	・生涯にわたって運動を豊かに継続するための自己や仲間の課題を発見し，合理的，計画的な解決に向けて取り組み方を工夫するとともに，自己や仲間の考えたことを他者に伝えている。	・武道に主体的に取り組むとともに，相手を尊重し，礼法などの伝統的な行動の仕方を大切にしようとすること，役割を積極的に引き受け自己の責任を果たそうとすること，一人一人の違いに応じた課題や挑戦を大切にしようとすることなどをしたり，健康・安全を確保したりしている。

・剣道では，相手の動きの変化に応じた基本動作から，得意技を用いて，相手の構えを崩し，素早くしかけたり応じたりするなどの攻防をすることができる。	

G　ダンス

知識・技能	思考・判断・表現	主体的に学習に取り組む態度
○知識 ・ダンスの名称や用語，文化的背景と表現の仕方，交流や発表の仕方，課題解決の方法，体力の高め方などを理解している。 ○技能 ・創作ダンスでは，表したいテーマにふさわしいイメージを捉え，個や群で，対極の動きや空間の使い方で変化を付けて即興的に表現したり，イメージを強調した作品にまとめたりして踊ることができる。 ・フォークダンスでは，日本の民踊（よう）や外国の踊りから，それらの踊り方の特徴を強調して，音楽に合わせて多様なステップや動きと組み方で仲間と対応して踊ることができる。 ・現代的なリズムのダンスでは，リズムの特徴を強調して全身で自由に踊ったり，変化とまとまりを付けて仲間と対応したりして踊ることができる。	・生涯にわたって運動を豊かに継続するための自己や仲間の課題を発見し，合理的，計画的な解決に向けて取り組み方を工夫するとともに，自己や仲間の考えたことを他者に伝えている。	・ダンスに主体的に取り組むとともに，互いに共感し高め合おうとすること，合意形成に貢献しようとすること，一人一人の違いに応じた表現や役割を大切にしようとすることなどをしたり，健康・安全を確保したりしている。

巻末
資料

H 体育理論

(1)運動やスポーツの効果的な学習の仕方

知識・技能	思考・判断・表現	主体的に学習に取り組む態度
○知識 ・運動やスポーツの効果的な学習の仕方について理解している。 ※体育理論については「技能」に係る評価の対象がないことから，「技能」の評価規準は設定していない。	・運動やスポーツの効果的な学習の仕方について，課題を発見し，よりよい解決に向けて思考し判断するとともに，他者に伝えている。	・運動やスポーツの効果的な学習の仕方についての学習に主体的に取り組もうとしている。

(2)豊かなスポーツライフの設計の仕方

知識・技能	思考・判断・表現	主体的に学習に取り組む態度
○知識 ・豊かなスポーツライフの設計の仕方について理解している。 ※体育理論については「技能」に係る評価の対象がないことから，「技能」の評価規準は設定していない。	・豊かなスポーツライフの設計の仕方について，課題を発見し，よりよい解決に向けて思考し判断するとともに，他者に伝えている。	・豊かなスポーツライフの設計の仕方についての学習に主体的に取り組もうとしている。

第2　保健

【現代社会と健康】

知識・技能	思考・判断・表現	主体的に学習に取り組む態度
・国民の健康課題や健康の考え方は，国民の健康水準の向上や疾病構造の変化に伴って変わってきていること。また，健康は，様々な要因の影響を受けながら，主体と環境の相互作用の下に成り立っていること。健康の保持増進には，ヘルスプロモーションの考え方を踏まえた個人の適切な意思決定や行動選択及び環境づくりが関わることを理解している。 ・感染症の発生や流行には，時代や地域によって違いがみられること。その予防には，個人の取組及び社会的な対策を行う必要があることを理解している。 ・健康の保持増進と生活習慣病などの予防と回復には，運動，食事，休養及び睡眠の調和のとれた生活の実践や疾病の早期発見，及び社会的な対策が必要であることを理解している。 ・喫煙と飲酒は，生活習慣病などの要因になること。また，薬物乱用は，心身の健康や社会に深刻な影響を与えることから行ってはならないこと。それらの対策には，個人や社会環境への対策が必要であることを理解している。	・現代社会と健康について，課題を発見し，健康や安全に関する原則や概念に着目して解決の方法を思考し判断しているとともに，それらを表現している。	・現代社会と健康についての学習に主体的に取り組もうとしている。

・精神疾患の予防と回復には，運動，食事，休養及び睡眠の調和のとれた生活を実践するとともに，心身の不調に気付くことが重要であること。また，疾病の早期発見及び社会的な対策が必要であることを理解している。		

【安全な社会生活】

知識・技能	思考・判断・表現	主体的に学習に取り組む態度
・安全な社会づくりには，環境の整備とそれに応じた個人の取組が必要であること。また，交通事故を防止するには，車両の特性の理解，安全な運転や歩行など適切な行動，自他の生命を尊重する態度，交通環境の整備が関わること。交通事故には補償をはじめとした責任が生じることを理解している。 ・適切な応急手当は，傷害や疾病の悪化を軽減できること。応急手当には，正しい手順や方法があること。また，応急手当は，傷害や疾病によって身体が時間の経過とともに損なわれていく場合があることから，速やかに行う必要があることを理解しているとともに，心肺蘇生法などの応急手当を適切に行う技能を身に付けている。	・安全な社会生活について，安全に関する原則や概念に着目して危険の予測やその回避の方法を考えているとともに，それらを表現している。	・安全な社会生活についての学習に主体的に取り組もうとしている。

【生涯を通じる健康】

知識・技能	思考・判断・表現	主体的に学習に取り組む態度
・生涯を通じる健康の保持増進や回復には，生涯の各段階の健康課題に応じた自己の健康管理及び環境づくりが関わっていることを理解している。 ・労働災害の防止には，労働環境の変化に起因する傷害や職業病などを踏まえた適切な健康管理及び安全管理をする必要があることを理解している。	・生涯を通じる健康に関する情報から課題を発見し，健康に関する原則や概念に着目して解決の方法を思考し判断しているとともに，それらを表現している。	・生涯を通じる健康についての学習に主体的に取り組もうとしている。

【健康を支える環境づくり】

知識・技能	思考・判断・表現	主体的に学習に取り組む態度
・人間の生活や産業活動は，自然環境を汚染し健康に影響を及ぼすことがあること。それらを防ぐには，汚染の防止及び改善の対策をとる必要があること。また，環境衛生活動は，学校や地域の環境を健康に適したものとするよう基準が設定され，それに基づき行われていることを理解している。 ・食品の安全性を確保することは健康を保持増進する上で重要であること。また，食品衛生活動は，食品の安全性を確保するよう基準が設定され，それに基づき行われていることを理解している。 ・生涯を通じて健康を保持増進するには，保健・医療制度や地域の保健所，保健センター，医療機関などを適切に活用す	・健康を支える環境づくりに関する情報から課題を発見し，健康に関する原則や概念に着目して解決の方法を思考し判断しているとともに，それらを表現している。	・健康を支える環境づくりについての学習に主体的に取り組もうとしている。

ることが必要であること。また，医薬品は，有効性や安全性が審査されており，販売には制限があること。疾病からの回復や悪化の防止には，医薬品を正しく使用することが有効であることを理解している。 ・我が国や世界では，健康課題に対応して様々な保健活動や社会的対策などが行われていることを理解している。 ・自他の健康を保持増進するには，ヘルスプロモーションの考え方を生かした健康に関する環境づくりが重要であり，それに積極的に参加していくことが必要であること。また，それらを実現するには，適切な健康情報の活用が有効であることを理解している。		

評価規準，評価方法等の工夫改善に関する調査研究について

令和 2 年 4 月 13 日　国立教育政策研究所長裁定
令和 2 年 6 月 25 日　一　　部　　改　　正

1　趣　旨

　学習評価については，中央教育審議会初等中等教育分科会教育課程部会において「児童生徒の学習評価の在り方について」（平成 31 年 1 月 21 日）の報告がまとめられ，新しい学習指導要領に対応した，各教科等の評価の観点及び評価の観点に関する考え方が示されたところである。

　これを踏まえ，各小学校，中学校及び高等学校における児童生徒の学習の効果的，効率的な評価に資するため，教科等ごとに，評価規準，評価方法等の工夫改善に関する調査研究を行う。

2　調査研究事項

（1）評価規準及び当該規準を用いた評価方法に関する参考資料の作成
（2）学校における学習評価に関する取組についての情報収集
（3）上記（1）及び（2）に関連する事項

3　実施方法

　調査研究に当たっては，教科等ごとに教育委員会関係者，教師及び学識経験者等を協力者として委嘱し，2 の事項について調査研究を行う。

4　庶　務

　この調査研究にかかる庶務は，教育課程研究センターにおいて処理する。

5　実施期間

　令和 2 年 5 月 1 日〜令和 3 年 3 月 31 日
　令和 3 年 4 月 16 日〜令和 4 年 3 月 31 日

巻末
資料

評価規準，評価方法等の工夫改善に関する調査研究協力者（五十音順）

（職名は令和3年4月現在）

（体育）
　石川　泰成　　　　埼玉大学准教授
　大谷　麻子　　　　神戸大学附属中等教育学校教諭
　佐藤　　昇　　　　長崎県教育庁体育保健課課長補佐兼主任指導主事
　佐藤　　豊　　　　桐蔭横浜大学教授
　佐藤　　若　　　　山形県立上山明新館高等学校教頭
　高橋　修一　　　　日本女子体育大学教授
（保健）
　内海　　久　　　　北海道教育庁学校教育局高校総体推進課課長補佐
　大見　　学　　　　愛知県立豊野高等学校長
　綱島　　毅　　　　群馬県教育委員会健康体育課指導主事
　森　　良一　　　　東海大学教授

国立教育政策研究所においては，次の関係官が担当した。

　関　　伸夫　　　　国立教育政策研究所教育課程研究センター研究開発部教育課程調査官

　横嶋　　剛　　　　国立教育政策研究所教育課程研究センター研究開発部教育課程調査官

この他，本書編集の全般にわたり，国立教育政策研究所において以下の者が担当した。

　鈴木　敏之　　　　国立教育政策研究所教育課程研究センター長
　　　　　　　　　　　　　　　　　　　　　　　（令和2年7月1日から）
　笹井　弘之　　　　国立教育政策研究所教育課程研究センター長
　　　　　　　　　　　　　　　　　　　　　　　（令和2年6月30日まで）
　杉江　達也　　　　国立教育政策研究所教育課程研究センター研究開発部副部長
　　　　　　　　　　　　　　　　　　　　　　　（令和3年4月1日から）
　清水　正樹　　　　国立教育政策研究所教育課程研究センター研究開発部副部長
　　　　　　　　　　　　　　　　　　　　　　　（令和3年3月31日まで）
　新井　敬二　　　　国立教育政策研究所教育課程研究センター研究開発部研究開発課長
　　　　　　　　　　　　　（令和3年4月1日から令和3年7月31日まで）
　岩城由紀子　　　　国立教育政策研究所教育課程研究センター研究開発部研究開発課長
　　　　　　　　　　　　　　　　　　　　　　　（令和3年3月31日まで）
　間宮　弘介　　　　国立教育政策研究所教育課程研究センター研究開発部研究開発課指導係長

　奥田　正幸　　　　国立教育政策研究所教育課程研究センター研究開発部研究開発課指導係専門職
　　　　　　　　　　　　　　　　　　　　　　　（令和3年3月31日まで）
　髙辻　正明　　　　国立教育政策研究所教育課程研究センター研究開発部教育課程特別調査員

　前山　大樹　　　　国立教育政策研究所教育課程研究センター研究開発部教育課程特別調査員
　　　　　　　　　　　　　　　　　　　　　　　（令和3年4月1日から）

巻末資料

学習指導要領等関係資料について

　学習指導要領等の関係資料は以下のとおりです。いずれも，文部科学省や国立教育政策研究所のウェブサイトから閲覧が可能です。スマートフォンなどで閲覧する際は，以下の二次元コードを読み取って，資料に直接アクセスすることが可能です。本書と併せて是非御覧ください。

① 学習指導要領，学習指導要領解説　等
② 中央教育審議会答申「幼稚園，小学校，中学校，高等学校及び特別支援学校の学習指導要領等の改善及び必要な方策等について」（平成28年12月21日）
③ 中央教育審議会初等中等教育分科会教育課程部会報告「児童生徒の学習評価の在り方について」（平成31年1月21日）
④ 小学校，中学校，高等学校及び特別支援学校等における児童生徒の学習評価及び指導要録の改善等について（平成31年3月29日30文科初第1845号初等中等教育局長通知）
　　　　　　　　　　　　　※各教科等の評価の観点等及びその趣旨や指導要録（参考様式）は，同通知に掲載。
⑤ 学習評価の在り方ハンドブック（小・中学校編）（令和元年6月）
⑥ 学習評価の在り方ハンドブック（高等学校編）（令和元年6月）
⑦ 平成29年改訂の小・中学校学習指導要領に関するQ&A
⑧ 平成30年改訂の高等学校学習指導要領に関するQ&A
⑨ 平成29・30年改訂の学習指導要領下における学習評価に関するQ&A

巻末
資料

学習評価の
在り方
ハンドブック

高等学校編

学習指導要領　学習指導要領解説

学習評価の基本的な考え方

学習評価の基本構造

総合的な探究の時間及び特別活動の評価について

観点別学習状況の評価について

学習評価の充実

Q&A　－先生方の質問にお答えします－

文部科学省　国立教育政策研究所教育課程研究センター

学習指導要領

学習指導要領とは，国が定めた「教育課程の基準」です。

（学校教育法施行規則第52条，74条，84条及び129条等より）

■学習指導要領の構成
〈高等学校の例〉

前文　第1章　総則
　　　　第2章　各学科に共通する各教科
　　　　　　第1節　国語
　　　　　　第2節　地理歴史
　　　　　　第3節　公民
　　　　　　第4節　数学
　　　　　　第5節　理科
　　　　　　第6節　保健体育
　　　　　　第7節　芸術
　　　　　　第8節　外国語
　　　　　　第9節　家庭
　　　　　　第10節　情報
　　　　　　第11節　理数
　　　　第3章　主として専門学科において
　　　　　　　　開設される各教科
　　　　　　第1節　農業
　　　　　　第2節　工業
　　　　　　第3節　商業
　　　　　　第4節　水産
　　　　　　第5節　家庭
　　　　　　第6節　看護
　　　　　　第7節　情報
　　　　　　第8節　福祉
　　　　　　第9節　理数
　　　　　　第10節　体育
　　　　　　第11節　音楽
　　　　　　第12節　美術
　　　　　　第13節　英語
　　　　第4章　総合的な探究の時間
　　　　第5章　特別活動

総則は，以下の項目で整理され，全ての教科等に共通する事項が記載されています。
- ●第1款　高等学校教育の基本と教育課程の役割
- ●第2款　教育課程の編成
- ●第3款　教育課程の実施と学習評価
- ●第4款　単位の修得及び卒業の認定
- ●第5款　生徒の発達の支援
- ●第6款　学校運営上の留意事項
- ●第7款　道徳教育に関する配慮事項

> 学習評価の
> 実施に当たっての
> 配慮事項

各教科等の目標，内容等が記載されています。

（例）第1節　国語
- ●第1款　目標
- ●第2款　各科目
- ●第3款　各科目にわたる指導計画の作成と内容の取扱い

　平成30年改訂学習指導要領の各教科等の目標や内容は，教育課程全体を通して育成を目指す資質・能力の三つの柱に基づいて再整理されています。

ア　何を理解しているか，何ができるか
　　（生きて働く「知識・技能」の習得）
　　※職業に関する教科については，「知識・技術」

イ　理解していること・できることをどう使うか（未知の状況にも対応できる「思考力・判断力・表現力等」の育成）

ウ　どのように社会・世界と関わり，よりよい人生を送るか
　　（学びを人生や社会に生かそうとする「学びに向かう力・人間性等」の涵養）

平成30年改訂「高等学校学習指導要領」より

詳しくは，文部科学省Webページ「学習指導要領のくわしい内容」をご覧ください。
(http://www.mext.go.jp/a_menu/shotou/new-cs/1383986.htm)

学習指導要領解説

学習指導要領解説とは,大綱的な基準である学習指導要領の記述の意味や解釈などの詳細について説明するために,文部科学省が作成したものです。

■学習指導要領解説の構成
〈高等学校 国語編の例〉

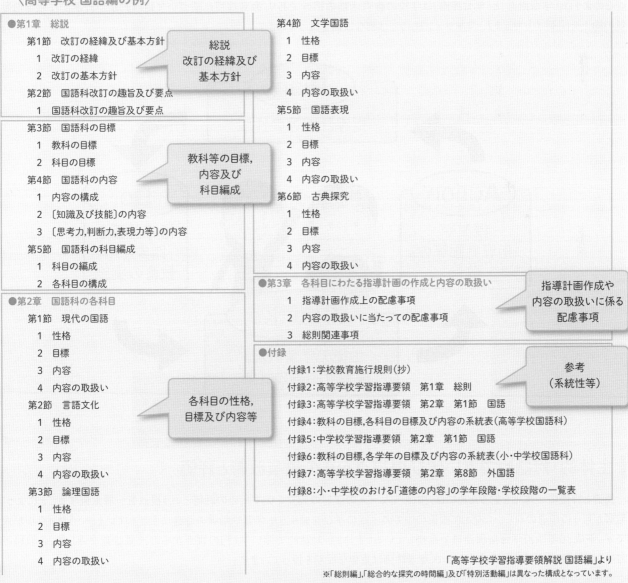

●第1章　総説

　第1節　改訂の経緯及び基本方針

　　1　改訂の経緯

　　2　改訂の基本方針

　　> 総説
　　> 改訂の経緯及び基本方針

　第2節　国語科改訂の趣旨及び要点

　　1　国語科改訂の趣旨及び要点

　第3節　国語科の目標

　　1　教科の目標

　　2　科目の目標

　　> 教科等の目標,内容及び科目編成

　第4節　国語科の内容

　　1　内容の構成

　　2　〔知識及び技能〕の内容

　　3　〔思考力,判断力,表現力等〕の内容

　第5節　国語科の科目編成

　　1　科目の編成

　　2　各科目の構成

●第2章　国語科の各科目

　第1節　現代の国語

　　1　性格

　　2　目標

　　3　内容

　　4　内容の取扱い

　第2節　言語文化

　　1　性格

　　2　目標

　　3　内容

　　4　内容の取扱い

　　> 各科目の性格,目標及び内容等

　第3節　論理国語

　　1　性格

　　2　目標

　　3　内容

　　4　内容の取扱い

　第4節　文学国語

　　1　性格

　　2　目標

　　3　内容

　　4　内容の取扱い

　第5節　国語表現

　　1　性格

　　2　目標

　　3　内容

　　4　内容の取扱い

　第6節　古典探究

　　1　性格

　　2　目標

　　3　内容

　　4　内容の取扱い

●第3章　各科目にわたる指導計画の作成と内容の取扱い

　　1　指導計画作成上の配慮事項

　　2　内容の取扱いに当たっての配慮事項

　　3　総則関連事項

　　> 指導計画作成や内容の取扱いに係る配慮事項

●付録

　　付録1:学校教育施行規則(抄)

　　付録2:高等学校学習指導要領　第1章　総則

　　付録3:高等学校学習指導要領　第2章　第1節　国語

　　付録4:教科の目標,各科目の目標及び内容の系統表(高等学校国語科)

　　付録5:中学校学習指導要領　第2章　第1節　国語

　　付録6:教科の目標,各学年の目標及び内容の系統表(小・中学校国語科)

　　付録7:高等学校学習指導要領　第2章　第8節　外国語

　　付録8:小・中学校のおける「道徳の内容」の学年段階・学校段階の一覧表

　　> 参考(系統性等)

「高等学校学習指導要領解説 国語編」より

※「総則編」,「総合的な探究の時間編」及び「特別活動編」は異なった構成となっています。

> 教師は,学習指導要領で定めた資質・能力が,生徒に確実に育成されているかを評価します

学習評価の基本的な考え方

　学習評価は，学校における教育活動に関し，生徒の学習状況を評価するものです。「生徒にどういった力が身に付いたか」という学習の成果を的確に捉え，**教師が指導の改善を図る**とともに，**生徒自身が自らの学習を振り返って次の学習に向かうことができるようにする**ためにも，学習評価の在り方は重要であり，教育課程や学習・指導方法の改善と一貫性のある取組を進めることが求められます。

▮ カリキュラム・マネジメントの一環としての指導と評価

　各学校は，日々の授業の下で生徒の学習状況を評価し，その結果を生徒の学習や教師による指導の改善や学校全体としての教育課程の改善，校務分掌を含めた組織運営等の改善に生かす中で，学校全体として組織的かつ計画的に教育活動の質の向上を図っています。

　このように，「学習指導」と「学習評価」は学校の教育活動の根幹であり，教育課程に基づいて組織的かつ計画的に教育活動の質の向上を図る「カリキュラム・マネジメント」の中核的な役割を担っています。

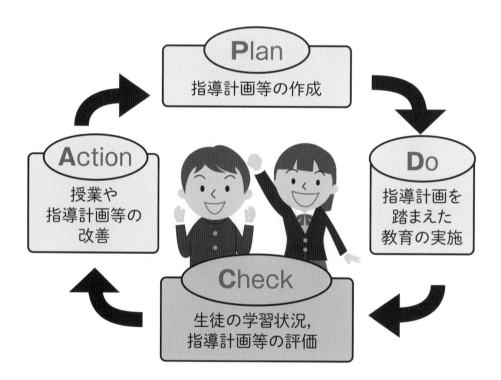

▮ 主体的・対話的で深い学びの視点からの授業改善と評価

　指導と評価の一体化を図るためには，生徒一人一人の学習の成立を促すための評価という視点を一層重視することによって，教師が自らの指導のねらいに応じて授業の中での生徒の学びを振り返り，学習や指導の改善に生かしていくというサイクルが大切です。平成30年改訂学習指導要領で重視している「主体的・対話的で深い学び」の視点からの授業改善を通して，各教科等における資質・能力を確実に育成する上で，学習評価は重要な役割を担っています。

- ☑ 教師の指導改善に
  つながるものにしていくこと

- ☑ 生徒の学習改善に
  つながるものにしていくこと

- ☑ これまで慣行として行われてきたことでも，
  必要性・妥当性が認められないものは
  見直していくこと

次の授業では
〇〇を重点的に
指導しよう。

〇〇のところは
もっと〜した方が
よいですね。

詳しくは，平成31年3月29日文部科学省初等中等教育局長通知「小学校,中学校,高等学校及び特別支援学校等における児童生徒の学習評価及び指導要録の改善等について（通知）」をご覧ください。
(http://www.mext.go.jp/b_menu/hakusho/nc/1415169.htm)

コラム　　評価に戸惑う生徒の声

「先生によって観点の重みが違うんです。授業態度をとても重視する先生もいるし，テストだけで判断するという先生もいます。そうすると，どう努力していけばよいのか本当に分かりにくいんです。」（中央教育審議会初等中等教育分科会教育課程部会 児童生徒の学習評価に関するワーキンググループ第7回における高等学校3年生の意見より）

あくまでこれは一部の意見ですが，学習評価に対する生徒のこうした意見には，適切な評価を求める切実な思いが込められています。そのような生徒の声に応えるためにも，教師は，生徒への学習状況のフィードバックや，授業改善に生かすという評価の機能を一層充実させる必要があります。教師と生徒が共に納得する学習評価を行うためには，評価規準を適切に設定し，評価の規準や方法について，教師と生徒及び保護者で共通理解を図るガイダンス的な機能と，生徒の自己評価と教師の評価を結び付けていくカウンセリング的な機能を充実させていくことが重要です。

Column

学習評価の基本構造

　平成30年改訂で,学習指導要領の目標及び内容が資質・能力の三つの柱で再整理されたことを踏まえ,各教科における観点別学習状況の評価の観点については,「知識・技能」,「思考・判断・表現」,「主体的に学習に取り組む態度」の3観点に整理されています。

「学びに向かう力,人間性等」には
①「主体的に学習に取り組む態度」として観点別評価(学習状況を分析的に捉える)を通じて見取ることができる部分と,
②観点別評価や評定にはなじまず,こうした評価では示しきれないことから個人内評価を通じて見取る部分があります。

各教科における評価の基本構造

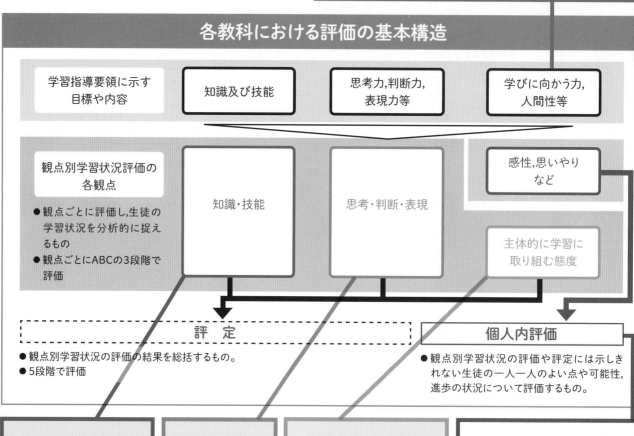

| 学習指導要領に示す目標や内容 | 知識及び技能 | 思考力,判断力,表現力等 | 学びに向かう力,人間性等 |

観点別学習状況評価の各観点
- 観点ごとに評価し,生徒の学習状況を分析的に捉えるもの
- 観点ごとにABCの3段階で評価

知識・技能　　思考・判断・表現　　感性,思いやりなど　　主体的に学習に取り組む態度

評定
- 観点別学習状況の評価の結果を総括するもの。
- 5段階で評価

個人内評価
- 観点別学習状況の評価や評定には示しきれない生徒の一人一人のよい点や可能性,進歩の状況について評価するもの。

　各教科等における学習の過程を通した知識及び技能の習得状況について評価を行うとともに,それらを既有の知識及び技能と関連付けたり活用したりする中で,他の学習や生活の場面でも活用できる程度に概念等を理解したり,技能を習得したりしているかを評価します。

　各教科等の知識及び技能を活用して課題を解決する等のために必要な思考力,判断力,表現力等を身に付けているかどうかを評価します。

　知識及び技能を獲得したり,思考力,判断力,表現力等を身に付けたりするために,自らの学習状況を把握し,学習の進め方について試行錯誤するなど自らの学習を調整しながら,学ぼうとしているかどうかという意思的な側面を評価します。

　個人内評価の対象となるものについては,生徒が学習したことの意義や価値を実感できるよう,日々の教育活動等の中で生徒に伝えることが重要です。特に,「学びに向かう力,人間性等」のうち「感性や思いやり」など生徒一人一人のよい点や可能性,進歩の状況などを積極的に評価し生徒に伝えることが重要です。

　詳しくは,平成31年1月21日文部科学省中央教育審議会初等中等教育分科会教育課程部会「児童生徒の学習評価の在り方について(報告)」をご覧ください。
(http://www.mext.go.jp/b_menu/shingi/chukyo/chukyo3/004/gaiyou/1412933.htm)

総合的な探究の時間及び特別活動の評価について

総合的な探究の時間, 特別活動についても, 学習指導要領等で示したそれぞれの目標や特質に応じ, 適切に評価します。

総合的な探究の時間

総合的な探究の時間の評価の観点については, 学習指導要領に示す「第1 目標」を踏まえ, 各学校において具体的に定めた目標, 内容に基づいて, 以下を参考に定めることとしています。

知識・技能	思考・判断・表現	主体的に学習に取り組む態度
探究の過程において, 課題の発見と解決に必要な知識及び技能を身に付け, 課題に関わる概念を形成し, 探究の意義や価値を理解している。	実社会や実生活と自己との関わりから問いを見いだし, 自分で課題を立て, 情報を集め, 整理・分析して, まとめ・表現している。	探究に主体的・協働的に取り組もうとしているとともに, 互いのよさを生かしながら, 新たな価値を創造し, よりよい社会を実現しようとしている。

この3つの観点に則して生徒の学習状況を見取ります。

特別活動

従前, 高等学校等における特別活動において行った生徒の活動の状況については, 主な事実及び所見を文章で記述することとされてきたところ, 文章記述を改め, 各学校が設定した観点を記入した上で, 活動・学校行事ごとに, 評価の観点に照らして十分満足できる活動の状況にあると判断される場合に, ○印を記入することとしています。

評価の観点については, 特別活動の特質と学校の創意工夫を生かすということから, 設置者ではなく, 各学校が評価の観点を定めることとしています。その際, 学習指導要領等に示す特別活動の目標や学校として重点化した内容を踏まえ, 例えば以下のように, 具体的に観点を示すことが考えられます。

特別活動の記録						
内容	観点　　　　　　　　　　　　　　　　学年	1	2	3	4
ホームルーム活動	よりよい生活や社会を構築するための知識・技能	○		○	
生徒会活動	集団や社会の形成者としての思考・判断・表現		○		
	主体的に生活や社会, 人間関係をよりよく構築しようとする態度				
学校行事			○	○	

高等学校生徒指導要録(参考様式)様式2の記入例　(3年生の例)

> 各学校で定めた観点を記入した上で, 内容ごとに, 十分満足できる状況にあると判断される場合に, ○印を記入します。
> ○印をつけた具体的な活動の状況等については, 「総合所見及び指導上参考となる諸事項」の欄に簡潔に記述することで, 評価の根拠を記録に残すことができます。

なお, 特別活動は, ホームルーム担任以外の教師が指導することも多いことから, 評価体制を確立し, 共通理解を図って, 生徒のよさや可能性を多面的・総合的に評価するとともに, 指導の改善に生かすことが求められます。

観点別学習状況の評価について

観点別学習状況の評価とは，学習指導要領に示す目標に照らして，その実現状況がどのようなものであるかを，観点ごとに評価し，生徒の学習状況を分析的に捉えるものです。

「知識・技能」の評価の方法

「知識・技能」の評価の考え方は，従前の評価の観点である「知識・理解」，「技能」においても重視してきたところです。具体的な評価方法としては，例えばペーパーテストにおいて，事実的な知識の習得を問う問題と，知識の概念的な理解を問う問題とのバランスに配慮するなどの工夫改善を図る等が考えられます。また，生徒が文章による説明をしたり，各教科等の内容の特質に応じて，観察・実験をしたり，式やグラフで表現したりするなど実際に知識や技能を用いる場面を設けるなど，多様な方法を適切に取り入れていくこと等も考えられます。

「思考・判断・表現」の評価の方法

「思考・判断・表現」の評価の考え方は，従前の評価の観点である「思考・判断・表現」においても重視してきたところです。具体的な評価方法としては，ペーパーテストのみならず，論述やレポートの作成，発表，グループでの話合い，作品の制作や表現等の多様な活動を取り入れたり，それらを集めたポートフォリオを活用したりするなど評価方法を工夫することが考えられます。

「主体的に学習に取り組む態度」の評価の方法

具体的な評価方法としては，ノートやレポート等における記述，授業中の発言，教師による行動観察や，生徒による自己評価や相互評価等の状況を教師が評価を行う際に考慮する材料の一つとして用いることなどが考えられます。その際，各教科等の特質に応じて，生徒の発達の段階や一人一人の個性を十分に考慮しながら，「知識・技能」や「思考・判断・表現」の観点の状況を踏まえた上で，評価を行う必要があります。

「主体的に学習に取り組む態度」の評価のイメージ

○「主体的に学習に取り組む態度」の評価については，①知識及び技能を獲得したり，思考力，判断力，表現力等を身に付けたりすることに向けた粘り強い取組を行おうとする側面と，②①の粘り強い取組を行う中で，自らの学習を調整しようとする側面，という二つの側面から評価することが求められる。

○これら①②の姿は実際の教科等の学びの中では別々ではなく相互に関わり合いながら立ち現れるものと考えられる。例えば，自らの学習を全く調整しようとせず粘り強く取り組み続ける姿や，粘り強さが全くない中で自らの学習を調整する姿は一般的ではない。

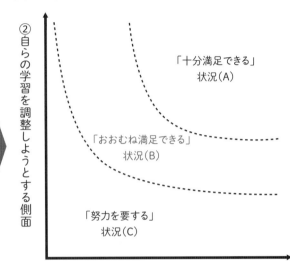

ここでの評価は，その学習の調整が「適切に行われるか」を必ずしも判断するものではなく，学習の調整が知識及び技能の習得などに結びついていない場合には，教師が学習の進め方を適切に指導することが求められます。

「自らの学習を調整しようとする側面」とは…

自らの学習状況を把握し，学習の進め方について試行錯誤するなどの意思的な側面のことです。評価に当たっては，生徒が自らの理解の状況を振り返ることができるような発問の工夫をしたり，自らの考えを記述したり話し合ったりする場面，他者との協働を通じて自らの考えを相対化する場面を，単元や題材などの内容のまとまりの中で設けたりするなど，「主体的・対話的で深い学び」の視点からの授業改善を図る中で，適切に評価できるようにしていくことが重要です。

「主体的に学習に取り組む態度」は，「関心・意欲・態度」と同じ趣旨ですが…
～こんなことで評価をしていませんでしたか？～

平成31年1月21日文部科学省中央教育審議会初等中等教育分科会教育課程部会「児童生徒の学習評価の在り方について（報告）」では，学習評価について指摘されている課題として，「関心・意欲・態度」の観点について「学校や教師の状況によっては，挙手の回数や毎時間ノートを取っているかなど，性格や行動面の傾向が一時的に表出された場面を捉える評価であるような誤解が払拭し切れていない」ということが指摘されました。これを受け，従来から重視されてきた各教科等の学習内容に関心をもつことのみならず，よりよく学ぼうとする意欲をもって学習に取り組む態度を評価するという趣旨が改めて強調されました。

Column

学習評価の充実

学習評価の妥当性, 信頼性を高める工夫の例

- 評価規準や評価方法について,事前に教師同士で検討するなどして明確にすること,評価に関する実践事例を蓄積し共有していくこと,評価結果についての検討を通じて評価に係る教師の力量の向上を図ることなど,学校として組織的かつ計画的に取り組む。
- 学校が生徒や保護者に対し,評価に関する仕組みについて事前に説明したり,評価結果についてより丁寧に説明したりするなど,評価に関する情報をより積極的に提供し生徒や保護者の理解を図る。

評価時期の工夫の例

- 日々の授業の中では生徒の学習状況を把握して指導に生かすことに重点を置きつつ,各教科における「知識・技能」及び「思考・判断・表現」の評価の記録については,原則として単元や題材などのまとまりごとに,それぞれの実現状況が把握できる段階で評価を行う。
- 学習指導要領に定められた各教科等の目標や内容の特質に照らして,複数の単元や題材などにわたって長期的な視点で評価することを可能とする。

学年や学校間の円滑な接続を図る工夫の例

- 「キャリア・パスポート」を活用し,生徒の学びをつなげることができるようにする。
- 入学者選抜の方針や選抜方法の組合せ,調査書の利用方法,学力検査の内容等について見直しを図る。
- 大学入学者選抜において用いられる調査書を見直す際には,観点別学習状況の評価について記載する。
- 大学入学者選抜については,高等学校における指導の在り方の本質的な改善を促し,また,大学教育の質的転換を大きく加速し,高等学校教育・大学教育を通じた改革の好循環をもたらすものとなるような改革を進めることが考えられる。

評価方法の工夫の例

高校生のための学びの基礎診断の認定ツールを活用した例

　高校生のための学びの基礎診断とは、高校段階における生徒の基礎学力の定着度合いを測定する民間の試験等を文部科学省が一定の要件に適合するものとして認定する仕組みで、平成30年度から制度がスタートしています。学習指導要領を踏まえた出題の基本方針に基づく問題設計や、主として思考力・判断力・表現力等を問う問題の出題等が認定基準となっています。受検結果等から、生徒の課題等を把握し、自らの指導や評価の改善につなげることも考えられます。

　詳しくは、文部科学省Webページ「高校生のための学びの基礎診断」をご覧ください。
(http://www.mext.go.jp/a_menu/shotou/kaikaku/1393878.htm)

コラム　評価の方法の共有で働き方改革

　ペーパーテスト等のみにとらわれず、一人一人の学びに着目して評価をすることは、教師の負担が増えることのように感じられるかもしれません。しかし、生徒の学習評価は教育活動の根幹であり、「カリキュラム・マネジメント」の中核的な役割を担っています。その際、助けとなるのは、教師間の協働と共有です。

　評価の方法やそのためのツールについての悩みを一人で抱えることなく、学校全体や他校との連携の中で、計画や評価ツールの作成を分担するなど、これまで以上に協働と共有を進めれば、教師一人当たりの量的・時間的・精神的な負担の軽減につながります。風通しのよい評価体制を教師間で作っていくことで、評価方法の工夫改善と働き方改革にもつながります。

「指導と評価の一体化の取組状況」

A:学習評価を通じて、学習評価のあり方を見直すことや個に応じた指導の充実を図るなど、指導と評価の一体化に学校全体で取り組んでいる。

B:指導と評価の一体化の取組は、教師個人に任されている。

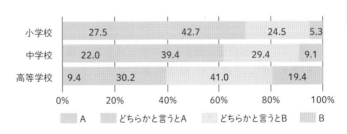

	A	どちらかと言うとA	どちらかと言うとB	B
小学校	27.5	42.7	24.5	5.3
中学校	22.0	39.4	29.4	9.1
高等学校	9.4	30.2	41.0	19.4

（平成29年度文部科学省委託調査「学習指導と学習評価に対する意識調査」より）

Column

学習評価の充実

Q & A -先生方の質問にお答えします-

Q1 1回の授業で，3つの観点全てを評価しなければならないのですか。

A. 　学習評価については，日々の授業の中で生徒の学習状況を適宜把握して指導の改善に生かすことに重点を置くことが重要です。したがって観点別学習状況の評価の記録に用いる評価については，毎回の授業ではなく原則として単元や題材などの内容や時間のまとまりごとに，それぞれの実現状況を把握できる段階で行うなど，その場面を精選することが重要です。

Q2 「十分満足できる」状況（A）はどのように判断したらよいのですか。

A. 　各教科において「十分満足できる」状況（A）と判断するのは，評価規準に照らし，生徒が実現している学習の状況が質的な高まりや深まりをもっていると判断される場合です。「十分満足できる」状況（A）と判断できる生徒の姿は多様に想定されるので，学年会や教科部会等で情報を共有することが重要です。

Q3 高等学校における観点別評価の在り方で、留意すべきことは何ですか?

A. 　これまでも，高等学校における学習評価では，生徒一人一人に対して観点別評価と生徒へのフィードバックが行われてきましたが，指導要録の参考様式に観点別学習状況の記載欄がなかったこともあり，指導要録に観点別学習状況を記録している高等学校は13.3%にとどまっていました（平成29年度文部科学省委託調査「学習指導と学習評価に対する意識調査」より）。平成31年3月29日文部科学省初等中等教育局長通知「小学校,中学校,高等学校及び特別支援学校等における児童生徒の学習評価及び指導要録の改善等について（通知）」における観点別学習状況の評価に係る説明が充実したことと指導要録の参考様式に記載欄が設けられたことを踏まえ，高等学校では観点別学習状況の評価を更に充実し，その質を高めることが求められます。

Q4 評定以外の学習評価についても保護者の理解を得るにはどのようにすればよいのでしょうか。

A. 　保護者説明会等において，学習評価に関する説明を行うことが効果的です。各教科等における成果や課題を明らかにする「観点別学習状況の評価」と，教育課程全体を見渡した学習状況を把握することが可能な「評定」について，それぞれの利点や，上級学校への入学者選抜に係る調査書のねらいや活用状況を明らかにすることは，保護者との共通理解の下で生徒への指導を行っていくことにつながります。

Q5 障害のある生徒の学習評価について、どのようなことに配慮すべきですか。

A. 　学習評価に関する基本的な考え方は，障害のある生徒の学習評価についても変わるものではありません。このため，障害のある生徒については，特別支援学校等の助言または援助を活用しつつ，個々の生徒の障害の状態等に応じた指導内容や指導方法の工夫を行い，その評価を適切に行うことが必要です。また，指導要録の通級による指導に関して記載すべき事項が個別の指導計画に記載されている場合には，その写しをもって指導要録への記入に替えることも可能としました。

文部科学省
国立教育政策研究所
National Institute for Educational Policy Research

令和元年6月
文部科学省　国立教育政策研究所教育課程研究センター
〒100-8951 東京都千代田区霞が関3丁目2番2号　TEL 03-6733-6833（代表）

「指導と評価の一体化」のための
学習評価に関する参考資料
【高等学校　保健体育】

令和3年11月12日　　　初版発行
令和6年2月1日　　　　4版発行

著作権所有　　　　　国立教育政策研究所
　　　　　　　　　　教育課程研究センター

発　行　者　　　　　東京都千代田区神田錦町2丁目9番1号
　　　　　　　　　　コンフォール安田ビル2階
　　　　　　　　　　株式会社　東洋館出版社
　　　　　　　　　　代表者　錦織　圭之介

印　刷　者　　　　　大阪市住之江区中加賀屋4丁目2番10号
　　　　　　　　　　岩岡印刷株式会社

発　行　所　　　　　東京都千代田区神田錦町2丁目9番1号
　　　　　　　　　　コンフォール安田ビル2階
　　　　　　　　　　株式会社　東洋館出版社
　　　　　　　　　　電話　03-6778-4343

ISBN978-4-491-04705-8　　　　　定価：本体1,750円
　　　　　　　　　　　　　　　　　（税込1,925円）税10%